Kauderwelsch
Band 152

W0351412

Impressum

Daniel Krasa
Punjabi für Indien & Pakistan – Wort für Wort
erschienen im
REISE KNOW-HOW Verlag Peter Rump GmbH
Osnabrücker Str. 79, D-33649 Bielefeld
info@reise-know-how.de

© REISE KNOW-HOW Verlag Peter Rump GmbH
2. Auflage 2010
Konzeption, Gliederung, Layout und Umschlagklappen wurden speziell für die Reihe „Kauderwelsch" entwickelt und sind urheberrechtlich geschützt.
Alle Rechte vorbehalten.

Bearbeitung & Layout Claudia Schmidt, Josef Overberg
Layout-Konzept Günter Pawlak, FaktorZwo! Bielefeld
Umschlag Peter Rump (Titelfoto: Daniel Krasa)
Karthographie Iain Macneish
Fotos Daniel Krasa
Druck und Bindung Fuldaer Verlagsanstalt GmbH & Co. KG, Fulda

ISBN 978-3-89416-575-8
Printed in Germany

Dieses Buch ist erhältlich in jeder Buchhandlung Deutschlands, Österreichs, der Schweiz und der Benelux-Staaten. Bitte informieren Sie Ihren Buchhändler über folgende Bezugsadressen:
Deutschland Prolit GmbH, Postfach 9, 35461 Fernwald (Annerod) sowie alle Barsortimente
Schweiz AVA-buch 2000, Postfach 27, CH-8910 Affoltern
Österreich Mohr Morawa Buchvertrieb GmbH Sulzengasse 2, A-1230 Wien
Belgien & Niederlande Willems Adventure, www.willemsadventure.nl
direkt Wer im Buchhandel kein Glück hat, bekommt unsere Bücher zuzüglich Porto- und Verpackungskosten auch direkt über unseren Internet-Shop: **www.reise-know-how.de.**
Zu diesem Buch ist ein **AusspracheTrainer** erhältlich, auf **Audio-CD** in jeder Buchhandlung Deutschlands, Österreichs, der Schweiz und der Benelux-Staaten oder als **MP3-Download** unter **www.reise-know-how.de**
Der Verlag möchte die **Reihe Kauderwelsch** weiter ausbauen und **sucht Autoren!** Mehr Informationen finden Sie unter ***www.reise-know-how.de/rkh_mitarbeit.php***

Kauderwelsch

Daniel Krasa

Punjabi für Indien & Pakistan

Wort für Wort

REISE KNOW-HOW
im Internet
www.reise-know-how.de
info@reise-know-how.de

*Aktuelle Reisetipps
und Neuigkeiten,
Ergänzungen nach
Redaktionsschluss,
Büchershop und
Sonderangebote
rund ums Reisen*

Kauderwelsch-Sprechführer sind anders!

Warum? Weil sie Sie in die Lage versetzen, wirklich zu sprechen und die Leute zu verstehen.

Wie wird das gemacht? Abgesehen von dem, was jedes Sprachbuch bietet, nämlich Vokabeln, Beispielsätze etc., zeichnen sich die Bände der Kauderwelsch-Reihe durch folgende Besonderheiten aus:

Die **Grammatik** wird in einfacher Sprache so weit erklärt, dass es möglich wird, ohne viel Paukerei mit dem Sprechen zu beginnen, wenn auch nicht gerade druckreif.

Alle Beispielsätze werden doppelt ins Deutsche übertragen: zum einen **Wort-für-Wort**, zum anderen in „ordentliches" Hochdeutsch. So wird das fremde Sprachsystem sehr gut durchschaubar. Denn in einer fremden Sprache unterscheiden sich z. B. Satzbau und Ausdrucksweise recht stark vom Deutschen. Ohne diese Übersetzungsart ist es so gut wie unmöglich, schnell einzelne Wörter in einem Satz auszutauschen.

Die **Autorinnen** und **Autoren** der Reihe sind Globetrotter, die die Sprache im Land selbst gelernt haben. Sie wissen daher genau, wie und was die Leute auf der Straße sprechen. Deren Ausdrucksweise ist nämlich häufig viel einfacher und direkter als z. B. die Sprache der Literatur oder des Fernsehens.

Besonders wichtig sind im Reiseland **Körpersprache, Gesten, Zeichen** und **Verhaltensregeln**, ohne die auch Sprachkundige kaum mit Menschen in guten Kontakt kommen. In allen Bänden der Kauderwelsch-Reihe wird darum besonders auf diese Art der nonverbalen Kommunikation eingegangen.

Kauderwelsch-Sprechführer sind keine Lehrbücher, aber viel mehr als Sprachführer! Wenn Sie ein wenig Zeit investieren und einige Vokabeln lernen, werden Sie mit ihrer Hilfe in kürzester Zeit schon Informationen bekommen und Erfahrungen machen, die „sprachlosen" Reisenden verborgen bleiben.

Inhalt

Khalsa
STORE
AUDIO
VIDEO
CASSETTS
ਧਾਰਮਿਕ ਪੁਸਤਕਾਂ BOOKS
KHALSA BOOK HOUSE
ਰੁਮਾਲੇ
ਚੰਦੋਏ

Vorwort

Das Land der fünf Wässer – der Punjab – ist vielleicht eine der eindrucksvollsten Regionen des indischen Subkontinents. Mit seinen fruchtbaren Tälern, der Flusslandschaft des Indus, einer herzlichen offenen Bevölkerung und dem enormen kulturellen Erbe der drei Weltreligionen Hinduismus, Sikhismus und Islam, ist dieses Gebiet ein echtes Erlebnis für jeden Weltreisenden.

Obwohl Indien und Pakistan von 1856 bis 1947 eine britische Kronkolonie war, wird Englisch nur von relativ wenigen Menschen gut gesprochen. Will man allerdings wirklich mit der einheimischen Kultur des Punjab in Kontakt treten und mit den Einheimischen kommunizieren, kommt man nicht daran vorbei, einige Wörter in deren Muttersprache Punjabi zu lernen. Ob im Goldenen Tempel von Amritsar oder im Anarkali-Bazar in Lahore, Sie werden sehen, es lohnt sich! Wenn die fremde Sprache auch zuerst schwierig wirkt, werden die Menschen Ihre Bemühungen hoch schätzen.

calo pañjābī bolīe!
geh-! Punjabi(w) sprechen-wir-!
Los, lassen Sie uns Punjabi sprechen!

Daniel Krasa

Hinweise zur Benutzung

Der Sprechführer „Punjabi" gliedert sich in die drei wichtigen Hauptabschnitte „Grammatik", „Konversation" und „Wörterliste".

Die **Grammatik** beschränkt sich auf das Wesentliche und ist so einfach gehalten wie möglich. Deshalb sind auch nicht alle Ausnahmen und Unregelmäßigkeiten der Sprache erklärt. Im Anhang gibt es Hinweise auf weiterführende Literatur.

Benutzen Sie die Sätze wie Satzschablonen, die Sie Ihren Bedürfnissen anpassen.

Im **Konversationsteil** finden Sie Sätze aus dem Alltagsgespräch, die Ihnen einen ersten Eindruck davon vermitteln sollen, wie Punjabi „funktioniert" und die Sie auf das vorbereiten sollen, was Sie später in Indien und Pakistan hören werden.

Damit Sie die Wortfolge des Punjabi in den Beispielsätzen nachvollziehen können, ist eine **Wort-für-Wort-Übersetzung** in *kursiver* Schrift ergänzt. Wird ein Wort im Punjabi im Deutschen durch zwei Wörter übersetzt, sind diese in der Wort-für-Wort-Übersetzung durch einen Bindestrich verbunden, z. B.:

Werden in einem Satz mehrere Wörter angegeben, die man untereinander austauschen kann, steht ein Schrägstrich.

kī bas [bus] **milegī?** | **hāñ, milegī!**
was Bus(W) treffen-wird | *ja, treffen-wird*
Gibt es einen Bus? | Ja, es gibt einen.

ġusalkhānā/davākhānā kiththe hai?
Toilette(m)/Apotheke(m) wo ist
Wo ist die Toilette/Apotheke?

Persönliche Fürwörter, Haupt- und Eigenschaftswörter können im Punjabi gebeugt werden. Es gibt neben dem 1. Fall (ungebeugt) jedoch nur einen weiteren Beugungsfall. Der Zusatz „(g)“ kennzeichnet gebeugte Wörter.

maiñ is shahir hī jāṇā cāhuñdā/cāhuñdī hāñ.
ich diesem(g) Stadt[g] eben gehen wollen(m/w) bin
Ich möchte genau in diese Stadt fahren.

Die Kennzeichnung „[g]“ bedeutet, dass ein Wort an dieser Stelle aufgrund der Grammatik zwar gebeugt werden muss, in diesem speziellen Fall aber wegen seiner lautlichen Beschaffenheit nicht gebeugt ist.

Bei „(m/w)“ müssen Sie aufpassen: Hier richten sich die Varianten nach dem natürlichen Geschlecht des Satzgegenstandes (Subjekt)! Wenn der obige Satz von einem Mann gesprochen wird, verwendet er die männliche Variante (vor dem Schrägstrich), eine Frau dagegen die weibliche Variante (nach Schrägstrich).

Die **Wörterlisten** am Ende des Buches enthalten einen Grundwortschatz von je ca. 1000 Wörtern, mit denen man schon eine Menge anfangen kann.

Die **Umschlagklappe** hilft, die wichtigsten Sätze und Formulierungen stets parat zu haben. Ist der Umschlag aufgeklappt, kann die gewünschte Satzkonstruktion mit dem entsprechenden Vokabular aus den einzelnen Kapiteln kombiniert werden. Wenn alles nicht mehr weiterhilft, dann ist vielleicht das Kapitel „Nichts verstanden? – Weiterlernen!“ der richtige Tipp. Es befindet sich ebenfalls im Umschlag, stets bereit, mit der richtigen Formulierung für z. B. „Ich habe leider nicht verstanden.“ oder „Wie bitte?“ auszuhelfen.

Über die Sprache

Laut neuesten Zählungen sprechen ca. 70 Mio. Menschen Punjabi als Muttersprache. Man kann aber davon ausgehen, dass hier noch etwa 30 Millionen Menschen dazukommen, da es viele Dialekte gibt, die mit dem Punjabi gleichgesetzt werden können

Punjabi ist eine indoeuropäische Sprache, die dem Deutschen und noch mehr dem Englischen in einem gewissen Maße ähnlich ist.

Punjabi ist eine der 23 Nationalsprachen Indiens, die Amtssprache des indischen Ost-Punjabs und seit der Teilung des Subkontinents in Indien und Pakistan die offizielle Regionalsprache des pakistanischen West-Punjabs. In Indien wird es von etwa 26 Millionen Menschen gesprochen. Im Bundesstaat Punjab ist es Unterrichtssprache und somit den meisten Personen verständlich

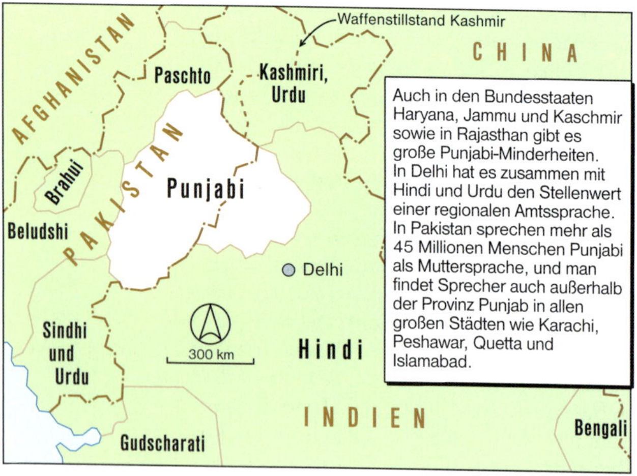

Punjabi entstand aus den altindischen Sprachen und ist eng mit dem Sanskrit verwandt. Durch die islamische Eroberung des Punjabs im 12. Jahrhundert fanden auch viele Wörter aus dem Arabischen und Persischen Einzug in die Sprache.

Das Punjabi ist heute sehr nah mit den nordindischen Sprachen Hindi und Urdu – den Nationalsprachen Indiens und Pakistans – verwandt, und tatsächlich sprechen die meisten Punjabis auch einigermaßen gut eine dieser beiden Sprachen.

Das Punjabi weist außerdem eine Vielzahl von Dialekten auf, die teils sehr von der Standardversion abweichen. Vor allem im pakistanischen West-Punjab werden Dialekte wie Soraiki, Putohari und Hindko gesprochen, die manchmal auch als unabhängige Sprachen gelten. Das vorliegende Buch hält sich an den Majhi-Dialekt, so wie er in Amritsar und Lahore gesprochen wird.

Das heilige Buch der Sikhs – das Guru Granth Sahib – ist in Punjabi abgefasst. Daher entwickelte sich die Sprache zur Hauptsprache des Sikhismus. So hat sich die Sprache auch über die Grenzen des Punjabs hinweggesetzt, und man kann heute auf dem gesamten indischen Subkontinent Punjabi-Sprecher finden.

Über die Schrift

Punjabi wird seit dem 16. Jahrhundert in einer eigenen Schrift namens Gurmukhi (wörtl. „aus dem Mund des Gurus") geschrieben, die vom zweiten Guru der Sikhs – Guru Angad – entwickelt wurde. Im pakistanischen Teil des Punjabs wird die Sprache in einer Variante der arabischen Schrift geschrieben. Diese Variante nennt man Shahmukhi, „aus dem Mund des Shahs". Da aber Punjabi in Pakistan kaum ge-

Das Gurmukhi entwickelte sich aus der Devanagari-Schrift, die zum Schreiben des Sanskrit und anderer nordindischen Sprachen verwendet wird.

schrieben wird, gibt der vorliegende Band nur die Gurmukhi-Schrift an. Hierbei wird, wie bei uns, von links nach rechts geschrieben.

*Die in diesem Band verwendete lateinische Lautschrift ist hier den 40 Punjabi-Zeichen gegenübergestellt. Die Reihenfolge hält sich an das Punjabi-Alphabet. Die mit * gekennzeichneten Buchstaben sind „Platzhalter für Selbstlaute".*

ੳ	(*)	ਜ	j	ਪ	p
ਅ	a	ਜ਼	z	ਫ	ph
ੲ	(*)	ਝ	jh	ਫ਼	f
ਸ	s	ਟ	ṭ	ਬ	b
ਸ਼	sh	ਠ	ṭh	ਭ	bh
ਹ	h	ਡ	ḍ	ਮ	m
ਕ	k	ਢ	ḍh	ਯ	y
ਖ	kh	ਤ	t	ਰ	r
ਖ਼	kh	ਥ	th	ੜ	ṛ
ਗ	g	ਦ	d	ਲ	l
ਗ਼	ġ	ਧ	dh	ਵ	v
ਘ	gh	ਨ	n	ਙ	n
ਚ	c	ਣ	ṇ	ਞ	nj
ਛ	ch				

Lautschrift & Aussprache

Von der Lautschrift lässt sich nicht immer eindeutig auf das Punjabi-Zeichen schließen.

Um die Beispielsätze ohne Kenntnis der Gurmukhi-Schrift sofort ablesen zu können, wird in dem vorliegenden Kauderwelsch-Band „Punjabi" eine Lautschrift mit lateinischen Buchstaben verwendet. Diese Lautschrift entspricht der international üblichen. und findet sich entsprechend auch in anderen Veröffentlichungen, wie Wörterbüchern oder Grammatiken

Mitlaute

Das Punjabi legt vor allem auf die richtige Aussprache der Mitlaute (Konsonanten) großen Wert.

s	stimmloses „s“ wie in „Bu**s**“	**bas** (Bus)
sh	wie „sch“ in „**Sch**ule“	**shukrīā** (danke)
h	deutlich gehauchtes „h“ wie in „**h**allo“	**hindū** (Hindu)
k	„k“ wie in „**K**ino“	**kiththe** (wo)
kh	leicht verlängert, behauchtes „k“ wie in „Ba**ckh**endel“	**khāṇā** (essen)
<u>kh</u>	raues „ch“ wie in „Kra**ch**“. In Indien wird dieses Zeichen auch einfach wie „kh“ ausgesprochen.	**<u>kh</u>ush** (fröhlich)
g	„g“ wie in „**g**ut“	**garmī** (Sommer)
ġ	ein dumpfes, in der Kehle gesprochenes „r“. Es klingt etwa so, als würde man ein nicht gerolltes **r** und ein **<u>ch</u>** gleichzeitig sprechen; in Indien wird es meist wie „g“ gesprochen.	**ġalat** (falsch)
gh	leicht verlängert, behauchtes „g“ wie in „Lan**gh**aar“	**ghar** (Haus) klingt meist wie **k**
c	stimmloses „tsch“ wie in „**Tsch**ad“	**cīz** (Sache)
ch	leicht verlängert, behauchtes „c“ wie „tschh“ in „Pa**tschh**and“	**choṭā** (klein)
j	stimmhaftes „dsch“ wie in „**Dsch**ungel“	**jāṇā** (gehen)
z	stimmhaftes „s“ wie in „**S**auna“	**lafz** (Wort)
jh	leicht verlängert, behauchtes **j**	**jhākṇā** (starren)
ṭ	ein „t“, bei dem die Zunge nach innen gerollt und gegen den Gaumen gedrückt wird (retroflex)	**ṭailīfon** (Telefon)

ṭh	leicht verlängertes, behauchtes, retroflexes „th“ wie im engl „grea**t h**ouse“	**ṭhīk** (gut, O.K.)
ḍ	ein „d“, bei dem die Zunge nach innen gerollt und gegen den Gaumen gedrückt wird (retroflex)	**ḍāk** (Post)
ḍh	leicht verlängertes, behauchtes, retroflexes „d“ wie im engl. „ma**dh**ouse“	**ḍhol** (Trommel)
t	einfaches „t“ wie in „**T**eig“	**tusīñ** (du, ihr, Sie)
th	leicht verlängertes, behauchtes „t“ wie in „Ä**th**er“	**thoṛā** (ein wenig)
d	einfaches „d“ wie in „**D**onau“	**dard** (Schmerz)
dh	leicht verlängertes, behauchtes „d“ wie in „Han**dh**abung“	**dhañnvād** (danke)
n	„n“ wie in „**N**uss“	**nām** (Name)
ñ	dieses Zeichen bewirkt, dass der davor stehende Selbstlaut nasal ausgesprochen wird, etwa wie im französischen „réduct**ion**“, das „n“ wird nicht richtig ausgesprochen.	**maiñ hāñ** (ich bin)
ṇ	einretroflexes „n“ bei dem die Zunge am Gaumen liegt	**naccṇā** (tanzen)
p	ein deutsches „p“ wie in „**P**ass“	**pañjābī** (Punjabi)
ph	leicht verlängertes, behauchtes „p“ wie in „Bo**ph**ard“	**phir** (dann)
f	„f“ wie in „**F**euer“	**sāf** (sauber)
b	wie deutsches „b“	**bahut** (sehr)
bh	leicht verlängertes, behauchtes „b“ wie in „Bo**bh**ang“	**Bhārat** (Indien)
m	„m“ wie in „**M**ann“	**mukhkh** (Gesicht)
y	„j“ wie in „**J**ahr“	**yuvak** (Jugend)
r	ein gerolltes Zungen-r wie im italienischen „**R**oma“	**rājā** (König)

ṛ	ein „r", bei dem die Zunge nach innen gerollt wird und den Gaumen berührt, ähnlich dem amerikan. „r" in „g**r**eat"	**kapṛā** (Kleidung)
l	„l" wie in „**l**aut"	**Dillī**(Dehli)
v	Halblaut zwischen „w" und „u" wie im engl. „**wh**at", nicht wie dt. „w" od. „v" Dieser Laut klingt auch oft einfach wie ein langes „u", z. B. in „Uhr" (vgl. **ū**)	**vakat** (Zeit)

Die behauchten Laute gh, jh, ḍh, dh und bh kommen im modernen Standard-Punjabi nur noch selten vor und werden lautlich meist durch g/k, j/c, ḍ/ṭ, d/t und b/p ersetzt.

Selbstlaute

Die Selbstlaute (Vokale) können sowohl lang als auch kurz ausgesprochen werden.

a	kurzes „a" wie in „d**a**nn"	**das** (zehn)
ai	neutrales „ä" wie in „B**ä**lle"	**uh hai** (er ist)
au	neutraler Laut zwischen „o" und „au" wie im französischen „**au**", nicht wie das deutsche „au"!	**saukhā** (einfach)
ā	langes „a" wie in „M**a**l"	**bolṇā** (sprechen)
e	langes „e" wie in „T**ee**"	**je** (wenn)
i	kurzes „i" wie in „b**i**tte"	**dil** (Herz)
ī	langes „i" wie „ie" in „L**ie**be"	**jīvan** (Leben)
o	langes „o" wie in „M**o**hn"	**lok** (Leute)
u	kurzes „u" wie in „L**u**ft"	**uh** (er, sie)
ū	Dieser Laut klingt einfach wie ein langes „u", z. B. in „**U**hr"	**ālū** (Kartoffel)

Eine phonologische Besonderheit des Panjabi ist, dass es unterschiedliche Tonhöhen gibt. Die betonte Silbe kann in drei bedeutungsunterscheidenden Tönen - dem gleichbleibenden Normalton, dem steigenden Tiefton und dem fallenden Hochton gesprochen werden. So findet man z. B. koṛā *(mit Normalton) "Peitsche",* kóhṛā *(mit Hochton) "Aussätziger" und* ghòṛā *(mit Tiefton) "Pferd". Verstanden wird man aber auch, wenn man alles in der neutralen Tonhöhe spricht, daher verzichten wir in diesem Buch auf die Kennzeichnung der Töne.*

Betonung

Es werden immer die langen Selbstlaut (ā, e, ī, o und ū) eines Wortes betont. Kommen in einem Wort zwei lange Selbstlaute vor, wird der letztere betont. Gibt es keinen langen Selbstlaut, wird der erste kurze betont.

dukān	Geschäft
tārī<u>kh</u>	Datum
jarman	deutsch

Eine wichtige Ausnahme bildet das auslautende **-ā**, das nie betont wird, sondern stattdessen entweder der letzte lange Selbstlaut oder der erste kurze die Betonung trägt. Das ist u. a. der Fall bei den Infinitiven:

dikhāuṇā	zeigen
karnā	tun, machen
pīṇā	trinken

Englische Lehnwörter

Im Punjabi findet man viele Wörter aus dem Englischen. Wenn in diesem Buch ein solches aufgeführt wird, geben wir in eckigen Klammern die originale Schreibweise an, um zu zeigen, dass es sich um eine Lehnwort handelt, z. B.:

paiñsal [pencil]	Bleistift
sāikil [cycle]	Fahrrad

Umgangssprache

Die hier vermittelte Variante des Punjabi entspricht der standardisierten Schriftsprache, so wie sie in der Region Majha gesprochen wird. Dennoch gibt jedoch einige lautliche Veränderungen, die speziell in der alltäglichen Umgangssprache zum Tragen kommen. Bei groben oder wichtigen Unterscheidungen wird das jeweilige Wort in seiner umgangssprachlichen Version in Klammern mit dem Zusatz „U: ..." wiedergegeben.

Indisches und Pakistanisches Punjabi

In der Entwicklung des modernen Punjabi gab es sowohl Einflüsse aus dem Sanskrit – der heiligen Sprache der Hindus – als auch aus dem Arabischen und Persischen – den Kultursprachen der Moslems. Das spiegelt sich auch heute noch v. a. im Wortschatz wider. So gibt es Lehnwörter aus beiden Sprachen.

Ein Beispiel hierfür ist das Wort für „Freund", das entweder dost (persisch), als auch mitr (Sanskrit) heißen kann. In Indien können beide Wörter benutzt werden, jedoch klingt mitr höflicher und gepflegter. Moslems vermeiden vorzugsweise grundsätzlich Sanskrit-Wörter, und in Pakistan wird überhaupt nur dost verwendet. Wir kennzeichnen daher Wörter, die nur in einem der beiden Länder verwendet werden, mit „(Ind)" für Indien und „(Pak)" für Pakistan.

Seitenzahlen

Um Ihnen den Umgang mit den Zahlen zu erleichtern, wird auf jeder Seite die Seitenzahl auch auf Punjabi in Lautschrift angegeben!

Wörter, die weiterhelfen

Die folgenden Wendungen und Vokabeln werden Sie wahrscheinlich häufig brauchen, Sie benötigen dafür keine Grammatikkenntnisse. Vor allem die Floskeln für „bitte, danke" und „Entschuldigung" sind sozusagen überlebenswichtig.

māf kar do!	Entschuldigung!
miharbānī karke!	Bitte!
shukrīā!	Danke!

Der Vorteil für den Anfänger ist, dass man nach Belieben englische Wörter benutzen kann, wenn man z. B. gerade den Begriff auf Punjabi nicht parat hat. Auch die Einheimischen mischen die Sprachen nach Belieben.

Gibt es ...?

khāṇā milegā?
Essen treffen-wird
Gibt es Essen?

haspatāl [hospital] **hai?**
Krankenhaus ist
Gibt es ein Krankenhaus?

hāñ, milegā!
ja, treffen-wird
Ja, es gibt.

nahīñ milegā!
nicht treffen-wird
Nein, gibt es nicht.

Wo ist ...?

... kiththe hai?
... *wo ist*
Wo ist ...?

hotal [hotel] **kiththe milegā?**
Hotel wo treffen-wird
Wo gibt es ein Hotel?

bas sṭap [bus stop] **kiththe hai?**
Bus Haltestelle(m) wo ist
Wo ist die Bushaltestelle?

Die Richtungsangaben findet man in der Umschlagklappe.

Ich suche ...

maiñ ... labh rihā/rahī hāñ.
ich ... suchen(-) blieb(m/w) bin
Ich suche nach ...

maiñ ... Harmandar Sāhib labh rihā/rahī hāñ.
ich Harmandar Sahib suchen(-) blieb(m/w) bin
Ich suche den Goldenen Tempel.

Beachten Sie: Die männliche Variante des Verbs spricht – weil es sich um einen Ich-Satz handelt – ein Mann, eine Frau spricht die weibliche!

Ich möchte/will ... (haben).

mainūñ ... cāhīdā hai.
mir ... wollend ist
Ich möchte ...

mainūñ ikk kamrā cāhīdā hai.
ich eins Zimmer(m) wollend ist
Ich möchte ein Zimmer.

Wie viel kostet ...?

ih ... de kiñne paise hai?
dieser ... von wieviele Gelder ist
Wie viel kostet ...?

usdī kī kīmat hai?
seine was Preis(w) ist
Wie viel kostet das (da)?

Was ist das?

ih kī hai?
dieser was ist
Was ist das?

Hauptwörter & Artikel

Im Punjabi gibt es nur männliche und weibliche Hauptwörter (Substantive). Bis auf wenige Ausnahmen bleiben diese ungebeugt. Dazu jedoch später.

grammatisches Geschlecht

Weibliche Hauptwörter *enden grundsätzlich auf* -ī.

kursī (w)	Stuhl
almārī (w)	Schrank
bārī (w)	Fenster
gaḍḍī (w)	Auto, Wagen, Zug

Männliche *enden meist auf* -ā *oder einen anderen Buchstaben.*

kamrā (m)	Zimmer
rupaiā (m)	Rupee
nām (m)	Name
makān (m)	Haus

Männliche Hauptwörter, die sich auf **Lebewesen** *beziehen, können sich auf ein weibliches beziehen, wenn die Endung* -ā *durch* -ī *ausgetauscht wird!*

dādā Großvater	**dādī** Großmutter
puttar (m)Sohn	**puttarī** (w) Tochter

Natürlich gibt es eine Menge Ausnahmen, die man leider auswendig lernen muss. So sind z. B. folgende Wörter weiblich:

mez (w)	Tisch
bas [bus] (w)	Bus
mātā jī (w)	Mutter
paiñsal [pencil] (w)	Bleistift, a: Stift (allg.)
bhaiṇ (w)	Schwester

... und folgende männlich:

ādmī (m)	Mann
hāthī (m)	Elefant
dhobī (m)	Wäscher

Bei Hauptwörtern, die Personen bezeichnen, bestimmt das natürliche Geschlecht das grammatische, auch wenn das Hauptwort eine untypische Endung hat.

jarman [German]	Deutscher; Deutsche
añgrez	Engländer; Engländerin
pañjābī	Punjabi
bhārtī	Inder; Inderin
pākistānī	Pakistani
gujrātī	Gujarati
sindhī	Sindhi

Volks- und Nationalitätsbezeichnungen *können gleichzeitig männlich oder weiblich sein. In den Wörterlisten dieses Buches werden nur die weiblichen Hauptwörter mit einem „(w)" gekennzeichnet. Alle anderen sind folglich männlich!*

Mehrzahl

Um die Mehrzahl (Plural) zu bilden, gibt es mehrere Regeln. Männliche Hauptwörter, die auf -ā enden, tauschen dieses in der Mehrzahl durch -e aus. Männliche Hauptwörter mit anderen Endungen bleiben unverändert.

muṇḍā	Junge	**muṇḍe**	Jungen
ghaṇṭā	Stunde	**ghaṇṭe**	Stunden
ghar	Haus, Häuser	**ādmī**	Mann, Männer

Weibliche Wörter, die auf -ī enden, tauschen dieses durch -īāñ aus. An weibliche Hauptwörter, die auf einen anderen Buchstaben enden, wird -āñ angehängt.

kuṛī	Mädchen	**kuṛīāṅ**	Mädchen
puttarī	Tochter	**puttarīāṅ**	Töchter
mez	Tisch	**mezāṅ**	Tische
dukān	Geschäft	**dukānāṅ**	Geschäfte

Artikel

Das Zahlwort ikk *(eins) kann als unbestimmter Artikel stehen:* ikk ādmī *(ein Mann).*

Das Punjabi kennt keine Artikel wie im Deutschen („der, die, das"). Wie ein Hauptwort übersetzt wird, hängt also vom Zusammenhang ab. So kann ādmī (Mann) auch mit „der Mann" oder „ein Mann" übersetzt werden.

dieses & jenes

Das Punjabi kennt keine Artikel. Um etwas Bestimmtes zu bezeichnen, benützt man (sozusagen als Ersatz für die fehlenden Artikel) die hinweisenden Fürwörter.

Die hinweisenden Fürwörter sind unveränderlich, d. h. es wird nicht zwischen männlich und weiblich oder Ein- und Mehrzahl unterschieden.

ih	dieses hier (Ez); diese hier (Mz)
uh	jenes dort (Ez); jene dort (Mz)

Die hinweisenden Fürwörter stehen immer vor dem Hauptwort, auf das sie sich beziehen. Oft ist es nicht zu unterscheiden, ob es sich um Ein- oder Mehrzahl handelt. Das geht dann aus dem Sinnzusammenhang hervor.

ih kitāb	dieses Buch
uh cākū	jenes Messer
ih cor	diese Diebe; dieser Dieb
uh jānvar	jene Tiere; jenes Tier

Eigenschaftswörter

Man unterscheidet zwei Arten von Eigenschaftswörtern (Adjektiven): erstens die veränderlichen, die in der Grundform auf -ā enden, und zweitens die unveränderlichen, die auf einen anderen Buchstaben enden.

vaḍḍā groß **sāf** sauber

Die Grundform der veränderlichen Eigenschaftswörter ist immer die männliche Form Einzahl mit der Endung -ā. Wie Hauptwörter ersetzen diese für die Mehrzahl das -ā durch -e. Für ein weibliches Eigenschaftswort wird -ā für die Einzahl durch -ī ersetzt und durch -īāñ für die Mehrzahl.

Die Eigenschaftswörter stehen immer vor dem Hauptwort, auf das sie sich beziehen, und richten sich in Zahl und Geschlecht nach diesem.

vaḍḍā muṇḍā	großer Junge
vaḍḍe muṇḍe	große Jungen
choṭī kuṛī	kleines Mädchen
choṭīāñ kuṛīāñ	kleine Mädchen
sāf kamrā	sauberes Zimmer
sāf kamre	saubere Zimmer
ārāmdeh gaḍḍī	komfortabler Zug
ārāmdeh gaḍḍīāñ	komfortable Züge
sāf kambal	saubere Bettdecke saubere Bettdecken
pākistānī ādmī	pakistanischer Mann, pakistanische Männer

mit unveränderlichem Eigenschaftswort ...

wenn Hauptwort und Eigenschaftswort unveränderlich sind ...

Ich & du, mein & dein

Im Punjabi gibt es, wie im Deutschen, zwei Arten der Anrede. Persönlich und nur unter Bekannten und Familienangehörigen sowie bei Kindern, verwendet man tūñ (du). Spricht man allerdings mit Fremden oder Respektpersonen sowie älteren Leuten, sollte man unbedingt tusīñ (Sie) verwenden.

maiñ	ich
asīñ	wir
tūñ	du (persönlich, intim)
tusīñ	du, ihr, Sie (höflich)
ih	er, sie (Ez/Mz) (hier)
uh	er, sie (Ez/Mz) (dort)

Wenn man sich in etwa an die deutsche Gewohnheit hält und Unbekannte immer erst mit tusīñ anredet, macht man nichts verkehrt.

Tusīñ ist sowohl Einzahl- als auch Mehrzahl-Anredeform. Ein zugehöriges Verb muss hierbei immer in der Mehrzahl gebeugt werden, auch wenn nur eine Person (mit tusīñ) angeredet wird! Will man explizit ausdrücken, dass es sich um mehrere Personen handelt, stellt man dem Fürwort lok (Leute) nach.

maiñ ate tusīñ lok.
ich und ihr Leute
Ich und ihr.

„Er, sie" wird in Ein- und Mehrzahl mit den hinweisenden Fürwörtern ih (diese/r) und uh (jene/r) umschrieben. Der Unterschied zwischen ih und uh bezieht sich auf die räumliche

Entfernung zwischen Sprecher und der Person, von der gesprochen wird: ih bezeichnet jemanden, der dem Sprecher räumlich sehr nahe ist, uh bedeutet, dass er weiter weg ist.

mein & dein

merā	mein
sāḍā	unser
terā	dein (persönl., intim)
tuhāḍā	dein, euer, Ihr (höfl.)
isdā, ihdā, ihnāñdā	sein, ihr (hier) (Ez/Mz)
usdā, uhdā, uhnāñdā	sein, ihr (dort) (Ez/Mz)

Auch die besitzanzeigenden Fürwörter unterscheiden in der 3. Person Ez/Mz („er, sie“) die räumliche Entfernung. isdā *und* ihdā *bzw.* usdā *und* uhdā *sind unformelle Arten „sein“ und „ihr“ auszudrücken. Will man es höflich sagen, verwendet man* ihnāñdā *bzw.* uhnāñdā.

Die besitzanzeigenden Fürwörter haben die gleichen Endungen wie die veränderlichen Eigenschaftswörter und richten sich in Zahl und Geschlecht nach dem dazugehörigen Hauptwort. Sie sind immer vorangestellt.

merī ṭikaṭ [ticket]
meine Fahrkarte

mere paise
mein Geld

Da man Respektspersonen in der Mehrzahlform tusīñ anspricht, werden diese grammatikalisch auch so in der Mehrzahl gebeugt. Wenn man vom eigenen Vater spricht, sollte man also mere pitā sagen (und nicht merā pitā)!

besitzanzeigendes Verhältniswort „dā“

Auch das Verhältniswort dā (von) kann einen Besitz kennzeichnen: dā richtet sich nach dem dazugehörigen Hauptwort in Zahl und Geschlecht und erhält die gleichen Endungen wie ein Eigenschaftswort.

uh Harmīt dā bharā hai.
er Harmeet(m) von(m) Bruder(m) ist
Das ist Harmeets Bruder.

ih Rahīm dī gaḍḍī hai.
dies Rahim(m) von(w) Auto(w) ist
Dies ist Rahims Auto.

Verben & Zeiten

Die Tätigkeitswörter (Verben) sind im Punjabi ein sehr umfassendes, wenn auch nicht sonderlich kompliziertes Kapitel.

Es gibt über 30 verschiedene Zeitformen, die entweder unabhängig oder zusammengesetzt gebildet werden. Im Rahmen dieses Buches stellen wir nur die gängigsten vor.

Grundform

Die Grundform der Tätigkeitswörter ist zusammengesetzt aus dem Stamm und den Endungen -ṇā und -nā (z. B. bei karnā).

karnā	machen	**āuṇā**	kommen
khāṇā	essen	**hoṇā**	sein

„sein" in der Gegenwart

Das Tätigkeitswort (Verb) hoṇā (sein) kann im Punjabi Vollverb und Hilfsverb sein, wird also auch zur Bildung einiger Zeitformen des Punjabi benötigt. In der Gegenwart wird hoṇā wie folgt gebeugt:

maiñ	**hāñ** (U: **āñ**)	ich bin
tūñ	**haiñ**	du bist
ih/uh	**hai** (U: **e**)	er/sie ist (hier/dort)
asīñ	**hāñ** (U: **āñ**)	wir sind
tusīñ	**ho**	du bist, ihr seid, Sie sind (höflich)
ih/uh	**han**	sie sind (hier/dort)

maiñ jarman [German] **hāñ.**
ich Deutscher bin
Ich bin Deutsche/r.

honā *steht – wie auch alle anderen Tätigkeitswörter – immer am Satzende.*

andere Verben in der Gegenwart

Die Gegenwart ist eine zusammengesetzte Zeit, bei der die Grundformendung -ṇā durch -dā augetauscht wird. Die Endung -dā richtet sich in Zahl und Geschlecht nach dem Subjekt (Endungsmuster der Eigenschaftswörter!). Die so entstandenen Verbformen werden mit dem gebeugten, bereits bekannten Tätigkeitswort hoṇā (sein) kombiniert.

Streng genommen müsste man kardā *wörtlich mit „machend" übersetzen.*

für	m	w		
maiñ ...	**kardā**	**kardī**	**hāñ**	*ich*
tūñ ...	**kardā**	**kardī**	**haiñ**	*du (persönlich, intim)*
ih/uh (Ez) ...	**kardā**	**kardī**	**hai**	*er, sie (hier/dort, Ez)*
asīñ ...	**karde**	**kardīāñ**	**hāñ**	*wir*
tusīñ ...	**karde**	**kardīāñ**	**ho**	*du, ihr, Sie (höflich)*
ih/uh (Mz) ...	**karde**	**kardīāñ**	**han**	*sie (hier/dort, Mz)*

Diese Verbform wird in erster Linie für gewohnheitsbedingte Handlungen verwendet,

Das Tätigkeitswort karnā (machen, tun) wird oft mit Hauptwörtern wie kamm (Arbeit), fon (Telefon), buking (Reservierung) usw. verbunden. Man kann so praktisch aus jedem Hauptwort ein Tätigkeitswort machen.

bei denen die exakte zeitliche Komponente keine Rolle spielt

maiñ harroz iththe kamm kardā/kardī hāñ.
ich jeder-Tag hier Arbeit(m) machen(m/w) bin
Ich arbeite jeden Tag hier. (sagt Mann/Frau)

Vergangenheit

„sein" in der Vergangenheit

Die Vergangenheitsform ist ein nicht ganz einfaches Kapitel. Allerdings muss man sie nicht allzu oft benutzen. Es werden hier deshalb nur zwei Versionen angeführt, um einen kleinen Einblick zu geben. Wer perfekt werden will, sollte einen längeren Aufenthalt im Punjab planen.

Zuerst die Vergangenheit von hoṇā (sein), die man nicht mal auswendig lernen muss, denn sie heißt bei allen Formen sī (war, warst, waren, ward). Nur in der 3. Person Mehrzahl („sie") kann man sī auch durch san ersetzen, um die Mehrzahlform deutlich zu machen.

ih sī	er war, sie war
ih san	sie waren

maiñ dukhī/bimār sī.
ich traurig/krank war
Ich war traurig/krank.

kī tusīñ uthe sī?
was Sie dort waren
Waren Sie dort?

weitere Verben in der Vergangenheit

Um andere Verben in die Vergangenheit zu setzen, hängt man an den Verbstamm (Verb ohne Infinitiv-Endung -ṇā bzw. -nā) ein -iā an. Diese Endung richtet sich wieder in Zahl und Geschlecht nach der Bezugsperson. Also: -iā, für Ez, m; -e für Mz, m; ī für Ez, w; īān für Mz, w.

boḷṇā (sprechen)

maiñ, tūñ, ih/uh (Ez)... **boliā/bolī** (m/w)
asīn, tusīñ, ih/uh (Mz) ... **bole/boliāñ** (m/w)

maiñ sham nūñ āiā/āī.
ich Abend zu kam(m/w)
Ich (m/w) kam am Abend. *(sagt Mann/Frau)*

gaḍḍī ṭhīk sameñ te pahuñcī.
Zug(w) richtig Zeit(m) auf ankam(w)
Der Zug kam pünktlich an.

unregelmäßige Verben

	m Ez	m Mz	w Ez	w Mz
deṇā (geben)	**dittā**	**ditte**	**dittī**	**dittīāñ**
hoṇā (sein)	**sī**	**sī/san**	**sī**	**sī/san**
jāṇā (gehen)	**giā**	**gae**	**gaī**	**gaīāñ**
karnā (machen)	**kīttā**	**kīte**	**kītī**	**kīttīāñ**
leṇā (nehmen)	**liā**	**lie**	**lī**	**liāñ**
pīṇā (trinken)	**piā**	**pie**	**pī**	**piāñ**

transitiv/intransitiv

Es macht im Punjabi einen Unterschied, ob man sagt „ich kam an" (nicht-zielendes Verb) oder „ich las ein Buch" (zielendes Verb, „ein Buch" ist die Satzergänzung im 4. Fall).

Wenn es doch nur so einfach wäre! Im Punjabi unterscheidet man aber außerdem noch zwischen transitiven (zielenden) und intransitiven (nicht-zielenden) Verben. „Zielende" Verben können ein Satzergänzung im 4. Fall (Akkusativobjekt) haben (z. B. „geben, trinken, nehmen, machen"), „nicht-zielende" hingegen nicht (z. B. „weinen, gehen"). Einen Satz mit einem zielenden Verb muss man passiv formulieren: „Von mir wurde ein Buch gelesen". Das Verb muss in Geschlecht und Zahl mit der Satzergänzung, und nicht mit dem Satzgegenstand (Subjekt) übereinstimmen.

Hier geht es nicht darum, ob der Sprecher männlich oder weiblich ist, sondern um das grammatische Geschlecht der Satzergänzung.

ih ne kitāb paṛī.
dieser durch Buch(w) las(w)
Von ihm wurde ein Buch gelesen. / Er las ein Buch.

ih ne ak͟hbār paṛā.
dieser durch Zeitung(m) las(m)
Von ihm wurde eine Zeitung gelesen. / Er las eine Zeitung.

Das Wörtchen ne *übernimmt hierbei unser deutsches „von" oder „durch". Es wird allerdings nicht bei allen Formen verwendet!*

maiñ	von mir
tūñ	von dir
ih ne, a: **is ne**	von ihm/ihr/es (hier)
uh ne, a: **us ne**	von ihm/ihr/es (dort)
asīñ, a: **esāñ**	von uns
tusīñ, a: **tusāñ**	von dir/euch/Ihnen (höfl.)
iṇāñ ne	von ihnen (hier)
uṇāñ ne	von ihnen (dort)

Steht hinter der Satzergänzung ein nūñ *(zu), steht das Verb immer in der männlichen Form.*

us ne kamīzāñ k͟harīdīāñ.
er von Hemden(w/Mz) kaufte(w/Mz)
Er kaufte Hemden.

maiñ Kiran nūñ vekhiā.
ich Kiran zu sah(m)
Ich sah Kiran.

Die folgenden Verben gelten als „nicht-zielend", deswegen muss die eben beschriebene Regel nicht angewandt werden.

bolṇā	**bhullṇā**	**liāuṇā**
sprechen	vergessen	bringen

maiñ us sameñ te keval pañjābī boliā/bolī.
ich jener Zeit auf nur Punjabi sprach(m/w)
Ich (m/w) sprach zu jener Zeit nur Punjabi.

zusammengesetzte Vergangenheit

... für nicht-zielende (intransitive) Verben

Zusätzlich zur einfachen Vergangenheit gibt es die zusammengesetzte Vergangenheit, bei der man die Vergangenheitsform mit dem Verb hoṇā (sein) kombiniert.

maiñ kallh gaḍḍī toñ pahuñcā/pahuñcī hāñ.
ich gestern Zug(w) mit ankam(m/w) bin
Ich bin gestern mit dem Zug angekommen.
(...und bin noch hier)

Diese Vergangenheitsform zeigt, dass die Handlung in der Vergangenheit begonnen hat und noch bis in die Gegenwart wirkt.

asīñ ajj hī āie/āīāñ hāñ.
wir heute eben kamen(m/w,Mz) sind
Wir sind gerade heute (an-)gekommen.

Zukunft

Für die Bildung der Zukunftsform fügt man an den Verbstamm (also Grundform ohne -ṇā) folgende Endungen an:

	m	w
maiñ	**-āñgā**	**-āñgī**
tūñ	**-eñgā**	**-eñgī**
ih, uh (Ez)	**-egā**	**-egī**
asīñ	**-āñge**	**-āñgīāñ**
tusīñ	**-oge**	**-ogīāñ**
ih, uh (Mz)	**-ange**	**-angīāñ**

Streng genommen entspricht nur die Silbe -gā, -gī, -ge *usw. dem Futur. Ohne sie steht der Konjunktiv:* maiñ kī karāñ? *(Was würde/soll ich machen?).*

maiñ kallh fon [phone] **karāñgā/karāñgī.**
ich morgen Telefon(m) machen-werde(m/w)
Ich (m/w) werde morgen anrufen.

Die Tätigkeitswörter, deren Stamm auf einen Selbstlaut enden, haben leicht unregelmäßige Formen. Hier wird aussprachebedingt ein -v- *eingeschoben.*

asīñ iththe uḍīkāñge!
wir hier warten-werden(m,Mz)
Wir werden hier warten.

maiñ shām nūñ Lāhaur jāvāñgā/jāvāñgī.
ich Abend zu Lahore gehen-werde(m/w)
Ich werde am Abend nach Lahore fahren.

„sein" in der Zukunft

Die Silbe -ve- *am Verbstamm* (ho-) *ohne die Zukunftsendungen entspricht ebenfalls dem Konjunktiv:* uh hove *(er würde sein).* ve *alleine bedeutet oh! oder he!:* ve muṇḍio *(he Jungs!, he Leute!).*

	m	**w**
maiñ	**hovāñgā**	**hovāñgī**
tūñ	**hoveñgā**	**hoveñgī**
ih, uh (Ez)	**hovega**	**hovegī**
asīñ	**hovāñge**	**hovāñgīāñ**
tusīñ	**hovoge**	**hovogīāñ**
ih, uh (Mz)	**hovange**	**hovangīāñ**

kī tusīñ savere hoṭal [hotel] **vic hovoge?**
was Sie morgens Hotel[g] in sein-werden(m,Mz)
Werden Sie morgens im Hotel sein?

wollen & müssen

Um die deutschen Modalverben „wollen" und „müssen" auszudrücken, stehen mehrere Konstruktionen zur Auswahl. Allen gemeinsam ist, dass sie mit der selbstständigen Form der gebeugten persönlichen Fürwörtern stehen und teilweise unveränderlich sind.

mainūñ dudhdh cāhīdā hai.
mir Milch(m) wollend ist
Ich möchte Milch.

sānūñ cāh cāhīdī hai.
uns Tee(w) wollend(w) ist
Wir wollen/möchten Tee.

tuhānūñ Pañjāb jāṇā cāhīdā hai.
euch Punjab(m) gehen wollend ist
Sie müssen in den Punjab fahren.

mainūñ huṇ hī fon [phone] **karnā cāhīdā hai!**
mir jetzt eben Telefon machen wollend(m) ist
Ich muss jetzt sofort telefonieren!

cāhīdā *bedeutet wörtlich „wollend" und ist veränderlich. Es steht immer mit dem gebeugten Verb* hoṇā. *Wird* cāhīdā *mit einem weiteren Verb in der Grundform verbunden, erhält es die Bedeutung von „müssen".*

Werden die gebeugten Formen von hoṇā (sein) zusammen mit einem vorangestellten Verb in der Grundform kombiniert, erhält man auch die Bedeutung „müssen".

asīñ Añmritsar jāṇā hai.
wir Amritsar(m) gehen ist
Wir müssen nach Amritsar fahren.

maiñ phal <u>kh</u>arīdṇā hai.
ich Obst(m) kaufen ist
Ich muss Obst kaufen.

zusammengesetzte Verben

Beliebig kann man auch andere Verben zusammensetzen. Sehr oft wird hierbei das Verb jāṇā (gehen) als Ergänzung benutzt.

Bei diesen fällt beim Infinitiv des ersten Verbs das auslautende -ā *weg:* jāṇā *(gehen)* > jāṇ.

uh pañjābī bolaṇ laī hor kitābāñ paṛdā hai.
jene/r Punjabi sprechen(g) für mehr Bücher(w) lesen(m) ist
Er/sie liest mehr Bücher, um Punjabi zu sprechen.

Bei Verben, dessen Stamm auf einen Konsonanten endet, wird in dieser Konstruktion ein kurzes -a- eingeschoben: bolṇā (sprechen) > bolaṇ.

Bei zwei Arten von zusammengesetzten Verben entfällt das -ṇā der Grundform. Und zwar zunächst in Sätzen, in denen sakṇā (können) vorkommt. Im folgenden Satz heißt es also bol und nicht bolṇā (sprechen)!

können

maiñ pañjābī bol sakdā/sakdī hāñ.
ich Punjabi(w) sprechen(–) können(m/w) bin
Ich kann Punjabi sprechen. *(sagt Mann/Frau)*

In der Wort-für-Wort-Übersetzung wird der Stamm durch (-) gekennzeichnet.

kī tusīñ kallh nūñ ā sakde/sakdīāñ ho?
was Sie morgen zu kommen(–) können(m/w, Mz) sind
Können Sie (m/w) morgen kommen?

tūñ foto [photo] **khic sakdā/sakdī haiñ.**
du Foto(w) ziehen(–) können(m/w) bist
Du (m/w) kannst (darfst) ein Foto machen.

dabei sein etwas tun

Auch bei einer Konstruktion mit rihā hoṇā (dabei sein etwas zu tun) funktioniert das genauso. Die vier Formen von rihā sind in den beiden folgenden Beispielsätzen angegeben.

maiñ fon [phone] **kar rihā/rahī hāñ.**
ich Telefon(m) machen(–) blieb(m/w) bin
Ich (m/w) bin dabei zu telefonieren.

tusīñ ciṭhṭhī paṛ rahe/rahīāñ ho.
Sie (m/w) Brief(w) lesen(-) blieb(m, Mz/w, Mz) sind
Sie lesen gerade einen Brief.

Und, oder, aber & mit

Die Bindewörter (Konjunktionen) sollte man sich gut einprägen einprägen und versuchen sie so oft wie möglich anzuwenden.

ate, a: **te**	und
jāñ	oder
ki (U: **ke**)	dass
par	aber
kiuñki (U: kiuñke)	denn; weil
is laī, is karke	aus diesem Grund
tānki	um zu; damit
tāñ	dann; so
jadoñ	als
je (..., tāñ ...)	wenn (..., dann ...)
hālānki	obwohl
jiveñ	wie; so wie
jihṛā, a: **jis**	welcher

Die Bindewörter werden im Großen und Ganzen wie im Deutschen verwendet.

Bedingungssätze werden mit je *und* tāñ *gebildet, z. B.:* je bas na mile, tāñ rikshā paṛo! *(Wenn Sie keinen Bus bekommen, nehmen Sie eine Rikscha!).*

par uh bahut mahiñgā hai!
aber dieser sehr teuer(m) ist
Das ist aber sehr teuer!

misṭar [mister] **Siñgh boliā ki tusīñ Jalañdhar jāṇā jāvoge, sacc?**
Herr Singh sprach(m) dass Sie Jalandhar(m) gehen gehen-wirst(m,Mz), wahr
Herr Singh sagte, dass Sie nach Jalandhar fahren werden, nicht wahr?

Jalandhar ist eine Großstadt im Ostpunjab.

Die Beugung

Das Punjabi kennt auch eine Beugung, wobei es allerdings nur einen Fall gibt, der in etwa unserem 3. und 4. Fall (Dativ und Akkusativ) entspricht und in bestimmten Konstruktionen angewandt wird. Eine dieser Konstruktionen ist die Verbindung mit einem Verhältniswort.

Die Tabelle gilt für Haupt- und Eigenschaftswörter und zeigt, welche Endungen sich in welcher Weise verändern.

Endung für ...	ungebeugt	gebeugt
m Ez	**-ā**	**-e**
	Mitlaut	unverändert
m Mz	**-e**	**-iāñ**
	Mitlaut	+ **-iāñ**
w Ez	**-ī**	**-ī**
	Mitlaut	unverändert
w Mz	**-iāñ**	**-iāñ**
	-āñ	**-āñ**

Achtung: Steht das „[g]“ in eckigen Klammern, muss ein hier eingesetztes Wort zwar gebeugt werden, das aktuelle zeigt jedoch keine Beugungsendung.

In den folgenden Beispielen wird zur Veranschaulichung das Verhältniswort toñ (von, aus) benutzt. Damit man erkennt, wann ein Wort gebeugt ist bzw. werden muss (wenn man es durch ein anderes austauscht), wird es durch „(g)“ als Abkürzung für „gebeugt“ gekennzeichnet.

vaḍḍā muṇḍā	**vaḍḍe muṇḍe toñ**
groß Junge	*groß(g) Junge(g) von*
großer Junge (m, Ez)	von dem großen Jungen

vaḍḍe muṇḍe
große Jungen
große Jungen (m, Mz)

vaḍḍiāñ muṇḍiāñ toñ
große(g) Jungen(g) von
von den großen Jungen

choṭī kuṛī
klein Mädchen
kleines Mädchen

choṭī kuṛī toñ
klein Mädchen von
von dem kleinen Mädchen

choṭīāñ kuṛīāñ
kleine Mädchen
kleine Mädchen

choṭīāñ kuṛīāñ toñ
kleine Mädchen von
von den kleinen Mädchen

ghar toñ
Haus von
aus dem Haus

gharāñ toñ
Häuser(g) von
aus den Häusern

Weibliche Hauptwörter verändern sich nicht. Auch Hauptwörter, die auf einem Mitlaut enden, verändern sich nur in der Mehrzahl.

Von, mit, nach & zu

Verhältniswörter (hier: Postpositionen) werden dem Wort, auf das sie sich beziehen, nachgestellt. Hauptwörter werden dabei gebeugt.

toñ	von, mit, aus, durch
nāl	mit
nuñ	nach, zu
vic	in (räuml./zeitl.)
te	auf
tak	bis, nach
bāhar – andar	draußen – drinnen; in
sāhmaṇe – de nāl	gegenüber – nebenan
vāpas	zurück
vic	zwischen

iththe *(hier) und* toñ *(von) werden zu* iththoñ *(von hier) zusammengefasst. Das Gleiche gilt für* uththoñ *(von dort).*

iththoñ kāfī dūr e.
hier-von ziemlich weit ist
Von hier aus ist es ziemlich weit.

kī is ṭren [train] **vic paiṇṭrī kār** [pantry car] **hai?**
was diesen Zug[g] in Restaurant Wagen(m) ist
Gibt es einen Speisewagen in diesem Zug?

Anarkali ist der Name eines berühmten Bazars in Lahore.

maiñ Anārkalī vic ghummaṇ laī āiā hāñ.
ich Anarkali[g] in spazieren(g) für kam(m) bin
Ich kam, um in Anarkali spazieren zu gehen.

asīñ kallh Dillī vāpas jāvāñge.
wir morgen Delhi zurück gehen-werden
Wir werden morgen zurück nach Delhi fahren.

Verhältniswörter mit de

Einige Verhältniswörter werden immer mit vorangestelltem de *(von) verbunden.* de *(von) entspricht der männlichen Mehrzahlform von* dā.

de bāre	über, in Bezug auf
de baghair, a: **de binā**	ohne
de bā'ad	nach (zeitl.)
de nāl, a: **nāl**	mit
de kol	mit, nahe an
de pichche	hinter (räuml.)
de ūte, a: **de uppar**	über (räuml.)
de thalle	unter (räuml.)
de bāvjūd	trotz
de sāhmaṇe	vor, davor (räuml.)
de andar	innen (räuml.)
de bāhar	außen (räuml.)
de naṛhe, a: **de karīb**	in der Nähe von
de laī, de vāste	für

hoṭal [hotel] **de sāhmaṇe rukṇā!**
wenig Hotel von davor anhalten
Halten Sie bitte vor dem Hotel!

asīñ dupahir de bād milāñge.
wir Mittag(m) von nach treffen-werden(m,Mz)
Wir treffen uns am Nachmittag.

Will man nun diese Form der Verhältniswörter mit den persönlichen Fürwörtern verbinden („für dich, mit dir" etc.), dann ersetzt man de durch die besitzanzeigenden Fürwörter, die dann auch die männliche Mehrzahlform haben (mere, tere, sāḍe, tuhāḍe ...).

maiñ tere nāl cāh pīṇā cāhuñdā/cāhuñdī hāñ.
ich deine mit Tee trinken wollen(m/w) bin
Ich möchte mit dir (m/w) Tee trinken gehen.

is, us	ihm/ihr
ihnāñ, uhnāñ	ihnen

kī tusīñ uhnāñ toñ koī <u>kh</u>abar suṇī e?
was Sie ihnen von irgendeine Nachricht(w) gehört(w) ist
Haben Sie eine Nachricht von ihnen gehört?

mir & mich

Die persönlichen Fürwörter kennen eine gebeugte Form, bei der die oben vorgestellte Version verwendet und ihr ein nūñ (zu) nachgestellt wird. Diese Formen werden mit unserem Dativ oder Akkusativ übersetzt.

mainūñ	mir, mich
tainūñ	dir, dich
ih/is nūñ, uh/us nūñ	ihn, ihm, ihr
sānūñ	uns
tuhānūñ	euch, Ihnen
ihnāñ/uhnāñ nuñ	ihnen, sie

maiñ tainūñ piār kardā/kardī hāñ.
ich dich Liebe machen(m/w) bin
Ich liebe dich. *(sagt Mann/Frau)*

kī tūñ us nūñ sabh kujh dassiā haiñ?
was du ihm zu alles etwas gesagt bist
Hast du ihm das alles gesagt?

Diese Form der persönlichen Fürwörter wird häufig in speziellen Ausdrücken und mit bestimmten Verben gebraucht, bei denen sich das Verb in Zahl und Geschlecht immer nach der Satzergänzung (Objekt) und nicht nach dem Satzgegenstand (Subjekt) richtet.

mainūñ afsos hai.
mir Leid ist
Es tut mir Leid.

mainūñ patā hai.
mir Adresse(m) ist
Ich weiß (es).

mainūñ umīd hai.
mir Hoffnung(w) ist
Ich hoffe.

sanūñ bahut khushī hai.
uns sehr Freude(w) ist
Wir sind sehr glücklich.

haben, besitzen

„Haben“, im Sinne von „besitzen“ konstruiert man auf Punjabi durch das besitzanzeigende Fürwort (und zwar immer in der männlichen

Mehrzahlform) plus nachgestelltem kol (mit). Am Satzende steht das gebeugte Verb hoṇā (sein). Im übertragenden Sinne hieße das dann „mit mir/dir/... ist".

Steht der Satzgegenstand (Subjekt) in der Mehrzahlform, steht auch die jeweilige Form von hoṇā (sein) in der Mehrzahl.

mere kol navī gāḍḍī hai.
meine(m, Mz) mit neu(w) Auto(w) ist
Ich habe ein neues Auto.

mere kol paise han.
meine(m,Mz) mit Geld(m,Mz) sind
Ich habe Geld.

Fragen

Wie im Deutschen muss man zwischen Entscheidungs- und Satzfragen unterscheiden.

Entscheidungsfragen

Um Entscheidungsfragen zu stellen, hebt man entweder am Satzende eines ganz normalen Aussagesatzes die Stimme an oder man stellt kī (was) an den Satzanfang.

Auf Entscheidungsfragen kann man nur mit Ja oder Nein antworten.

kī ih Rāvalpiṇḍī jāṇ vālī bas [bus] **hai?**
was diese Bus(w) Rawalpindi(m) gehen(g) Besitzerin(w) Bus(w) ist
Fährt dieser Bus nach Rawalpindi?

kī tūñ vidiārthī haiñ?
was du Student(m) bist
Bist du Student?

kī bāhar bārash ho rahī hai?
was draußen Regen(w) sein(-) blieb(w) ist
Regnet es draußen gerade??

Satzfragen

Satzfragen werden mit Fragewörtern gebildet und verlangen einen vollständigen Satz als Antwort.

hai?, a: **milegā?** *ist, treffen-wird(m)*	gibt es?
mumkin hai? *(möglich ist)*	ist es möglich?
kadoñ?	wann?
kiuñ?	warum?
kī?	was?
kihṛā/-ī/-e/-īān	welche/-s/-r?
kauṇ?	wer?
kiveñ?	wie?
kī? *(was)*	wie bitte?
kadoñ tak? *(wann bis)*	wie lange?
kiññā? (m Ez)	wie viel?
kiññe? (m Mz)	wie viele?
kiththe?	wo?, wohin?
kiththoñ? *(wo-von)*	woher?

Die Satzstellung im Punjabi ist verhältnismäßig frei.

tūñ roz kī kardā/kardī haiñ?
du täglich was machen(m/w) bist
Was machst du so tagsüber? (z. Mann/z. Frau)

kihṛī kuṛī iththe rahdī hai?
welche Mädchen(w) hier bleiben(w) ist
Welches Mädchen wohnt hier?

Auffordern & Befehlen

Für das vertrauliche tūñ verwendet man das Verb ohne die Grundformendung -ṇā bzw. -nā (reiner Verbstamm).

sunṇā	hören	**sunṇ!**	höre!
jāṇā	gehen	**jā!**	geh!

Etwas unregelmäßig ist das Verb āuṇā, bei dem die Befehlsform für „du" einfach ā heißt!

iththe nūñ ā! *hier zu komm(–)* Komm hierher!

Für das etwas höflichere tusīñ verwendet man entweder die Grundform oder hängt an die kurze Grundform ein -o an. In der Wort-für-Wort-Übersetzung wird dies durch ein Ausrufezeichen kenntlich gemacht.

sunṇā	hören	**suṇo!**	hör!
jāṇā	gehen	**jāo!**	geh!

sidhdhā calṇā!
geradeaus fahren
Fahren Sie geradeaus!

sajje murṇā!
rechts abbiegen
... nach rechts!

mere vāste ikk cāh liāo!
mein für eins Tee bring-!
Bringen Sie mir einen Tee!

laiṇā	nehmen	**lo!**	Nehmen Sie!
pīṇā	trinken	**pio!**	Trinken Sie!
deṇā	geben	**do!**, a: **dio!**	Geben Sie!
āuṇā	kommen	**āo!**	Kommen Sie!

Wichtige Ausnahmen beim Anhängen von -o *bilden nebenstehende Verben.*

do! (gib!) wird auch in Verbindung mit den Stämmen anderer Verben gebraucht.

mainūñ dikhāu do!
mir zeigen(–) gib-!
Zeigen Sie es mir!

sānūñ ... de do!
uns geben(–) gib-!
Geben Sie uns ...!

Natürlich gibt es auch die Möglichkeit, den Befehl etwas abzuschwächen und es mehr wie eine Bitte klingen zu lassen. Hier kann man der Befehlsform ein jī nachstellen.

Das Wörtchen jī ist im Punjabi äußerst wichtig. Es ist eine Höflichkeitsfloskel und heißt eigentlich: Leben, Seele oder Geist. Im Folgenden wird es in der Wort-für-Wort-Übersetzung mit „Seele" übersetzt.

suṇo jī!
hör-! Seele(m)
Hören Sie bitte!

ih karo jī!
dieser mach-! Seele(m)
Machen Sie das doch bitte!

Von allen Punjabis wird auch der Ausdruck zarā (wenig) verwendet, der meist mit der Grundform des Verbs gebraucht wird.

zarā dekṇhā!
wenig schauen
Schauen Sie doch mal!

zarā sunṇā!
wenig hören
Hören Sie doch mal!

Verneinung

Um Sätze zu verneinen, braucht man das Wörtchen nahīñ (nicht, nein). In einfachen Sätzen mit dem Verb hoṇā (sein) wird nahīñ diesem vorangestellt.

sāilānī kann für Männer und Frauen verwendet werden. Daneben findet sich auch musāfir "Reisender" oder das englische ṭūrisṭ.

maiñ sailānī (nahīñ) hāñ.
ich Tourist(m) nicht bin
Ich bin nicht/kein Tourist.

mere kol paise (nahīñ) han.
meine(m,Mz) mit Geld(m,Mz) (nicht) sind
Ich habe (kein) Geld.

maiñ pañjābī boldā/boldī hāñ, par...
ich Punjabi(w) sprechen(m/w) bin aber
Ich spreche Punjabi, aber... *(sagt Mann/Frau)*

tūñ pañjābī nahīñ boldā/boldī.
du Punjabi(w) nicht sprechen(m/w,Mz)
Du sprichst kein Punjabi. *(zu Mann/Frau)*

„Nichts“ heißt kujh nahīñ, „nie“ heißt kadī nahīñ.

Bei verneinten Sätzen in der Gegenwart - bei Nominalsätzen oder auch in Verbindung mit anderen Tätigkeitswörtern - entfallen in den meisten Fällen die gebeugten Formen hoṇā *(sein).*

maiñ kujh nahīñ dekhiā/suniā e.
ich etwas nicht sah(m)/hörte(m) ist
Ich habe nichts gesehen/gehört.

maiñ kadī Lāhaur nahīñ giā/gaī.
ich wann Lahore(m) nicht ging(m/w)
Ich war noch nie in Lahore.

Die Befehlsform wird im Punjabi mit na (nicht) verneint. Das gilt sowohl für die Duz- als auch für die Sie-Form.

fikar na karo!
Sorge nicht mach-!
Machen Sie sich keine Sorgen!

ih pāṇī na pio!
dieser Wasser(m) nicht trink-!
Trinken Sie dieses Wasser nicht!

Zahlen & Zählen

Telefonnummern werden übrigens häufig mit englischen Ziffern genannt.

Es gibt im Punjabi für alle Zahlen von eins bis hundert einen eigenen Namen und nicht wie bei uns Kombinationen. Man kann aber auch die englischen Zahlen nehmen und wird damit so gut wie immer verstanden.

Zahlen

Die Zahlen werden wie bei uns von links nach rechts geschrieben. Vor allem im pakistanischen Westteils des Punjabs benutzt man für die Zahl 3 meist den Ausdruck **trai**!

0 **sifar**	4 **cār**	8 **aṭhṭh**
1 **ikk**	5 **pañj**	9 **nauñ**
2 **do**	6 **che**	10 **das**
3 **tiñn**, a: **trai**	7 **sātt**	

Die Zahlen von 11-100 (s. Umschlagklappe) müssen auswendig gelernt werden, da sie nicht zusammengesetzt werden können. Alle anderen Zahlen werden ohne ein Bindewort in der Reihenfolge „Hunderter – Zehner – Einer" zusammengesetzt.

102	**ikk sau do**	*eins hundert zwei*
200	**do sau**	*zwei hundert*
300	**tiñn sau**	*drei hundert*
1000	**ikk hazār**	*eins tausend*
2000	**do hazār**	*zwei tausend*
10.000	**das hazār**	*zehn tausend*
100.000	**ikk lakhkh**	*eins hunderttausend*
1.000.000	**das lakhkh**	*zehn hunderttausend*
10.000.000	**ikk karoṛ**	*eins zehnmillionen*
1 Milliarde	**ikk arab**	*eins Milliarde*

ikk hazār nauñ sau chihattar
eins tausend neun hundert sechsundsiebzig
1976

zählen

mere kol pañj baig [bag] **han.**
meine(m, Mz) bei fünf Tasche(m) sind
Ich habe fünf Taschen.
(= „ich habe sie hier bei mir stehen")

Beim Zählen stehen die zu zählenden Dinge hinter dem Zahlwort.

mere cār bacce han.
meine(m, Mz) vier Kinder(m, Mz) sind
Ich habe vier Kinder.

ih ṭikaṭ saṭhṭh rupaie dī e.
diese Fahrkahrte(w) sechzig Rupees(m, Mz) von(w) ist
Diese Fahrkarte kostet sechzig Rupees.

Ordnungszahlen

pahilā	1.	**chevāñ**	6.
dūsrā, a: **dūjā**	2.	**sattvāñ**	7.
tīsrā, a: **tījā**	3.	**aṭhṭhvāñ**	8.
cauthā	4.	**nauvāñ**	9.
pāñjvāñ	5.	**dasvāñ**	10.

Die Ordnungszahlen 1.-10. werden wie Eigenschaftswörter gehandhabt und richten sich in Zahl und Geschlecht nach dem dazugehörigen Hauptwort, dem sie vorangestellt sind (hier nur die männlichen Formen). Die Ordnungszahlen werden für die Angabe des Datums wichtig.

pahilā baccā
erster(m) Kind(m)
das erste Kind

dūjī galī
zweite(w) Straße(w)
die zweite Straße

Ab 11. wird normalerweise -vāñ (m) bzw. -vīñ (w) an die Grundzahlen angehängt, z. B. pacattarvāñ (der fünfundsiebzigste).

TOUR & TRAVELS
ਸੰਖ ਘੜਿਆਲ
ਬਾਬਾ ਮਿਊਜਿਕ ਹਾਊਸ
ਪੰਜਾਬ ਪਗੜੀ ਹਾਊਸ
PUNJAB PAGRI HOUSE
Punjab Pagri

Kurz-Knigge

Indien ist seit vielen Jahren ein beliebtes Reiseziel und tatsächlich haben sich die Inder, zumindest in den entsprechenden Zentren, an die vielen Touristen gewöhnt. Trotzdem sollte man als Reisender nicht vergessen, dass Indien eine andere Kultur und Religion, und dadurch auch ganz andere Umgangsformen hat. Indien ist ein extrem religiöses Land, in dem jede Glaubensgruppe ihre eigenen Regeln und Gesetze hat. Sich immer 100%ig richtig zu verhalten ist praktisch unmöglich, dennoch sollte der westliche Besucher grundsätzlich Verständnis und Toleranz, aber auch Interesse mitbringen und dem fremden Umfeld ohne Vorurteile begegnen.

Kleidung: Trotz des heißen Klimas sollte man als Mann immer lange Hosen tragen und auf Shorts und ärmellose Hemden oder T-Shirts verzichten. Ein nackter Oberkörper ist vollkommen unmöglich. Bei Männern ist es gerne gesehen, wenn sie „männlich“ aussehen, d. h. dezente Farben tragen und nicht ungepflegt oder verwahrlost aussehen. Als Frau ist es unbedingt notwendig, Hosen oder Röcke zu tragen, die bis über die Knie reichen. Auch müssen das Dekolleté und die Schultern stets bedeckt sein. Ein BH ist außerdem immer zu tragen.

Die **Rolle von Mann und Frau** ist im Punjab sehr klar definiert. Westliche Paare sollten in

Kritik am Land, an den fremden Bräuchen, an der Armut oder am Schmutz ist nicht erwünscht. Die Inder sind überaus patriotisch und man sollte ihnen hierbei nicht widersprechen.

Pakistan ist in den letzten Jahren zusehends von der touristischen Landkarte verschwunden. Ein Grund mehr hier den Menschen mit Respekt und Verständnis zu begegnen.

der Öffentlichkeit auf jede offenzügige Art von Zärtlichkeit (vom Händchenhalten angefangen) verzichten. Zusätzlich ist es sicher nicht verkehrt, sich als Ehepaar auszugeben. In Hotels ist das oft die einzige Möglichkeit, ein Doppelzimmer zu bekommen. Als Mann sollte man einheimischen Frauen unbedingt auf dezente und zurückhaltende Weise begegnen. Wenn Sie beispielsweise auf der Straße nach etwas fragen, wenden Sie sich eher an Gleich-Geschlechtige und berühren Sie nicht Anders-Geschlechtige (gilt besonders in Pakistan!).

Die **linke Hand** gilt unter Indern und Pakistanis als unrein, da sie zur Säuberung auf der Toilette verwendet wird. Daher darf man nie jemanden mit ihr begrüßen und sie auch nicht verwenden, um Speisen, Geschenke usw. zu übergeben.

Begrüßen & Verabschieden

Die Begrüßung ist oft das Wichtigste in einer Sprache. Im Punjabi ist das natürlich nicht anders. Es gibt viele „Begrüßungszeremonien“ und auf viele Floskeln gibt es eine entsprechende Antwort. Abhängig sind diese Zeremonien von Religion, Stellung, Rang und Situation. Hier der typischste Gruß der Sikhs, der auch als Verabschiedung verwendet wird:

sat sirī akāl!
Respekt Freude Weisheit
Guten Tag!, Auf Wiedersehen! *(Sikh-Gruß)*

Sikhs reichen sich die Hände oder, falls sie sich besser kennen, umarmen sie Gleichgeschlechtige.

namaste! / namaskār!
Guten Tag!, Auf Wiedersehen! *(Hindu-Gruß)*

rām rām!
Guten Tag! *(Hindu-Gruß v. a. auf dem Land)*

Hierbei werden meist beide Handflächen vor der Brust zusammengeführt und man blickt sein Gegenüber an. Sich die Hände zu reichen ist für Hindus eher unüblich!

Der übliche Gruß unter Moslems und damit in Pakistan vorherrschend, ist zu jeder Tageszeit auf Arabisch (bei arabischen und persischen Floskeln wird hier auf eine detaillierte Wort-für-Wort Übersetzung verzichtet):

assalām alaikum!	**va alaikum assalām!**
der-Frieden über-euch	*und-über-euch der-Frieden*
Friede sei mit dir!	Und mit dir. *(Antwort)*

Auch hierbei reicht man sich die rechte Hand.

Spezifische Begrüßungen beginnen häufig mit shubh *(glücklich):*

shubh saver!	**shubh rātrī!**
Guten Morgen!	Gute Nacht!

shubh ichāvāñ!
Herzliche Glückwünsche!

Christen benutzen auch die englischen Begrüßunsfloskeln.

Will man den religiösen Unterton vermeiden oder weiß nicht, welche Floskel angebracht ist, so sagt man:

hello [hello] **jī!**
hallo Seele(m)
Hallo!

Auf einen Gruß folgt immer die Frage nach dem Befinden. Hier gibt es wieder eine Menge Möglichkeiten.

Punjabis sind herzlich und offen, und wenn man sich besser kennt, umarmt man sich zur Begrüßung. Frauen küssen sich oft auf die Wange.

terā/tuhāḍā kī hāl hai?
dein(m)/Ihr(m) was Zustand(m) ist
Wie geht's? / Wie geht es Ihnen?

tuhāḍī sihat kiveñ hai?
Ihr(w) Gesundhei(w) wie ist
Wie geht es Ihnen?

kiddāñ?
du wie bist
Wie geht's dir?

Da sich Männer oft nicht direkt nach dem Befinden der Frau und der Töchter erkundigen – um sich nicht zu sehr in das Privatleben des Gesprächspartner einzumischen (auch Ausländer sollten diesen Formfehler nicht begehen) – fragt man allgemein:

kī tuhāḍā parvār ṭhīk hai?
was Ihre(m) Familie(m) gut ist
Geht es der Familie gut?

sabh ṭhīk hai!
alles richtig ist
Alles in Ordnung!

ṭhīk ṭhāk hai!
richtig richtig ist
Alles O.K.!

tūñ sunā!
du lass-hören!
Sag du (wie es dir geht)!

tusīñ sunāo!
Sie lass-hören-!
Sagen Sie (wie es Ihnen geht)!

Es ist auch üblich, auf die Frage nach dem Befinden, diese sofort an den Fragenden zurück zu stellen.

Punjabis werden in der Regel nicht zugeben, dass es ihnen nicht gut geht, da sie Sie nicht mit ihren Problemen belasten wollen. Höchstens ältere Menschen beklagen sich schon mal über körperliche Leiden. Oft sagt man als Antwort auch:

tuhāḍī kirpā hai!
Ihr(w) Segen(w) ist
Gott sei Dank!

tuhāḍī duā hai!
Ihr(w) Gebet(w) ist
Dank deines Gebets!

In etwa: "Es geht mir gut, da Sie für mich beten!" Erstere sagen Sikhs, die zweite Moslems.

Einen religiöseren Beiklang hat die Antwort:

vāhigurū dā shukar hai!
Gott von Güte(m) ist
Gott sei Dank (gut)!

allāh dā shukrā!
Allah von Dank(m)
Dank sei Allah!
(unter Moslems)

phir milāñge!
wieder treffen-werden(m,Mz)
Bis bald! *(als Abschiedsformel)*

rabb rākhā!
Gott(m) schütze
Auf Wiedersehen!
(unter Sikhs)

khudā hāfiz!
Gott(m) schütze
Auf Wiedersehen!
(unter Moslems)

Wie bereits gesagt können namaste!, namaskār! und sat sirī akāl! auch als Abschiedsformel verwendet werden. Nicht selten hört man aber auch einfach nur alvidā!

tuhāḍā kī nām hai?
Ihr was Name(m) ist
Wie heißen Sie?

terā kī nām e?
dein was Name(m) ist
Wie heißt du?

Nicht alle Männer, die Singh heißen sind automatisch Sikhs. In Rajasthan ist dies auch ein Titel der Maharadschas.

Sikhs haben neben ihrem Vornamen einen Zusatz, der sie leicht erkennbar macht. Bei Männern ist dieser Zusatz immer singh (eigentlich „Löwe") und bei Frauen kaur (eigentlich „Prinzessin").

Mohindar Singh
Mohinder Singh

Jasvindar Kaur
Jaswinder Kaur

Um sich davon klar zu unterscheiden, führen viele Hindus ebenfalls Namensergänzungen. Die häufigsten hierbei sind Kumār (eigentlich „jung") und Cānd (eigentlich „Mond").

Man ist sehr stolz auf die Herkunft und betont diese, auch wenn die Familie schon vor einigen Generationen das angesprochene Gebiet verlassen hat und man selbst noch nie dort war.

In Indien hat man außerdem einen Nachnamen im europäischen Sinne. Frauen erhalten nach der Hochzeit den Nachnamen ihres Ehemannes. Anders in Pakistan, wo sich das Namensystem grundlegend von unserem unterscheidet. Nachnamen gibt es erst seit kurzem und auch nur unter der Stadtbevölkerung. Der Name setzt sich meist aus drei Teilen zusammen: muhammad kāsim k͟hān kann z. B. mit muhammad sāhib, kāsim sāhib oder k͟hān sāhib angeredet werden.

tuhāḍā pūrā nām kī hai?
Ihr ganz Name(m) was ist
Wie lautet Ihr vollständiger Name?

Bitten & Danken

Ein „Bitte“ im unserem Sinn gibt es im Punjabi – wie in allen indischen Sprachen – mehr als Übersetzung aus dem Englischen. Man gebraucht es aber weit weniger als in Europa. Das liegt daran, dass der Umgang ein anderer ist und dass verschiedene Floskeln für die Einheimischen einfach unnötig sind, da es sich von selbst versteht, dass man beispielsweise um etwas bittet und nicht einfach verlangt.

Bereits durch die höfliche Befehlsform kann man eine Bitte formulieren und damit die Floskel an sich vermeiden.

Es gibt im Punjabi keine 100%ige Entsprechung für unser „Bitte“, und aus diesem Grund ist den Einheimischen der „richtige“ Gebrauch dieser Wörter nicht immer ganz geläufig. Nehmen Sie das Ihrem Gesprächspartner nicht übel!

mere vāste ikk cāh liāo!
meins für eins Tee(w) bring-!
Bringen Sie mir bitte einen Tee!

Hier kann man der Befehlsform auch wieder das altbekannte jī *(Seele) nachstellen.*

suno jī!	**mainūñ sabh kujh dasso jī**
hör-! Seele(m)	*mir alles etwas sag-! Seele(m)*
Hören Sie doch bitte!	Sag mir doch bitte alles!

Sehr förmlich und eher steif klingt die Formel kirpā karke („Segen machend“) oder nur kirpā, die vor allem im indischen Punjab – also vornehmlich unter Sikhs und Hindus – in Verbindung mit der Befehlsform gebraucht wird.

kirpā karke bill [bill] **dio!**
Segen(w) machend Rechnung(m) gib-!
Geben Sie mir bitte die Rechnung!

Bitten & Danken

Eher Moslems gebrauchen miharbānī karke *(Güte machend).*

miharbānī karke kamrā sāf karo!
Güte machend Zimmer(m) sauber mach-!
Machen Sie bitte das Zimmer sauber!

Öfters verwendet man das Wörtchen zarā *(wenig), das in etwa mit unserem „doch“ verglichen werden kann.*

zarā sāḍe vāste cāh liāuṇā!
wenig unser für Tee(w) bringen
Bring uns doch bitte Tee!

zarā haulī bolo!
wenig langsam sprich-!
Sprechen Sie doch bitte langsam!

Bei einer wirklichen Bitte kann man einen Satz folgendermaßen einleiten:

maiñ kujh bentī karāñ, ki ...
ich etwas Bitte(w) machen-würde
Dürfte ich bitten, dass ...

Das anbietende „Bitte sehr!“ wird nur durch die höfliche Befehlsform ausgedrückt.

andar ā jāo!
hinein komm(–) geh-!
Bitte kommen Sie herein!

baiṭho jī!
sitz-! Seele(m)
Setzen Sie sich bitte!

Wenn man um etwas ersucht, kann man auch die Zukunftsform benutzen:

mainūñ dassoge ḍākkhānā kiththe hai?
mir sagen-wirst(m) Postamt(m) wo ist
Sagen Sie mir bitte, wo die Post ist!

kī, Simran ghar hai?
was Simran Haus ist
Ist Simran bitte zuhause? (am Telefon)

shukrīā!	Danke! (sehr üblich)
miharbānī!	Danke schön! (auch bei einer Auskunft)
dhaññvād! (Ind)	Danke! (höflich)
tuhāḍī kirpā hai! (Ind) *Ihr(w) Segen(w) ist*	Danke sehr! (sehr höflich)

Für „Danke" gibt es im Punjabi mehrere Entsprechungen. Auch hier gilt, dass der Gebrauch der einheimischen nicht immer mit unserem übereinstimmt.

shukrīā, bhāī sāhib!
danke, Bruder(m) Herr(m)
Danke, mein Bruder!

miharbānī, merī bhaiṇ!
danke, meine(w) Schwester(w)
Danke, Schwester!

is dilcasp sair de laī bahut shukrīā!
diesem interessant Ausflug(w)[g] von für viel danke
Vielen Dank für den interessanten Ausflug.

Aber auch hier kann man das englische thainkyū [thank you] verwenden.

Vor allem in Indien hat das Wort „Danke" einen leicht demütigen Beiklang und wird oft als „Bezahlung" verstanden. Vorsicht also beim Gebrauch bei echten Freundschaftsdiensten.

Auf „Danke" antwortet man koī bāt nahīñ!, das unserem „Bitte sehr; Gern geschehen" entspricht.

koī gall nahīñ!
einige Wort nicht
Bitte sehr!, Gern geschehen!

Möchte man sich für einen besonderen Freundschaftsdienst oder eine nette Geste bedanken, so sagt man: tuhāḍī udārtā dā dhaññvād! *(Vielen Dank für Ihre Liebenswürdigkeit!) oder* maiñ tuhāḍā bahut mamnūn hāñ! *(Ich bin Ihnen sehr dankbar!).*

Das erste Gespräch

Seien Sie offen gegenüber diesen oft spontanen Treffen und üben Sie sich in der Sprache.

Punjabis sind sehr aufgeschlossen und neugierig. Sie werden es sich nicht entgehen lassen, einen so „exotischen" Fremden willkommen zu heißen. Wenn sich dann noch herausstellt, dass dieser Punjabi spricht, muss man natürlich erstmal einige Informationen erfragen. Hier ein typischer Ablauf eines ersten Gespräches.

sat srī akāl (jī)!
Respekt Freude Weisheit (Seele(m))
Guten Tag!

Die meisten hier verwendeten Floskeln werden in einem Gespräch mit einem Sikh verwendet. Sollte Ihr Gesprächspartner ein Hindu, Moslem oder Christ sein, ersetzen Sie die entsprechenden Sätze.

tuhāḍā kī hāl hai?
Ihr(m) was Zustand(m) ist
Wie geht es Ihnen?

sabh ṭhīk hai! te tuhāḍā ki hālcāl hai?
alles richtig ist und Ihr(m) was Zustand-Lauf(m) ist
Alles in Ordnung! Und wie geht es Ihnen so?

maiñ vī ṭhīk ṭhāk hāñ! vāhigurū dā shukar hai!
ich auch richtig richtig bin Gott(m) von Güte(m) ist
Mir geht es auch gut! Gott sei Dank!

tusīñ kiththoñ ho?
Sie wo-von sind
Woher kommen Sie?

jarmanī [Germany] **toñ!**
Deutschland von
Aus Deutschland!

maiñ jarman [German] **hāñ.**
ich Deutscher bin
Ich bin Deutsche/r.

asīñ jarman hāñ.
wir Deutsche sind
Wir sind Deutsche.

āsṭriyā [Austria]	Österreich
āsṭriyan [Austrian]	österreichisch; Österreicher/in
(i)sviṭzarlaiṇḍ [Switzerland]	Schweiz
(i)svis [Swiss]	schweizerisch; Schweizer/in
haleṇḍ [Holland]	Niederlande
ḍac [Dutch]	niederländisch; Niederländer/in
beljiyam [Belgium]	Belgien
beljiyan [Belgain]	belgisch; Belgier/in
frāns [France]	Frankreich
frenc [French]	französisch; Franzose/n, Französin

Die Nationalitätenbezeichnungen kommen aus dem Englischen und kennen deshalb auch keine Unterscheidung zwischen männlich und weiblich oder Ein- und Mehrzahl.

Österreicher werden aufgrund der lautlichen Ähnlichkeit oft mit Australiern verwechselt. Klingen doch āsṭriyā [Austria] und āsṭreliyā [Australia] zum Verwechseln ähnlich.

vah vah, tusīṅ sāḍe varge pañjābī jāṇde / jāṇdīāṅ ho.
oh oh Sie unser wie Punjabi wissen(m/w,Mz) sind
Bravo, Sie sprechen Punjabi wie einer von uns.

Auf ein solch dickes Lob sollte man immer bescheiden reagieren.
Die beste Antwort ist wohl:

jī nahīṅ, mainūṅ keval thoṛī pañjābī āuṅdī hai!
Seele(m) nicht, mir nur wenig Punjabi(w) kommen(w) ist
Aber nicht doch, ich kann erst wenig!

kī ih tuhāḍā pahilā safar e inḍya [India] **vic?**
was dieser Ihr erster(m) Reise(m) ist Indien
Ist das Ihre erste Reise nach/in Indien?

jī nahīñ, ih merā tīsrā safar e.
Seele(m) nicht, dieses mein dritte Mal(w) ist
Nein, dies ist mein drittes Mal.

Inder und Pakistanis haben meist ein hervorragendes Namensgedächnis und sie merken sich selbst für sie fremdartige Namen nach einmaligem Hören. Achten Sie dementsprechend auf den Namen Ihres Gegenübers und versuchen Sie sich diesen einzuprägen. Oft nachzufragen gilt als unhöflich.

tuhāḍā kī nām hai?
Ihr was Name(m) ist
Wie heißen Sie?

merā nām Johannes hai.
mein Name(m) Johannes ist
Ich heiße Johannes.

Oft wird der Fragende verblüfft schauen, wenn er einen Namen zu hören bekommt, mit dem er nichts verbinden kann.

tuhāḍī umar kī hai?
Ihr Alter(w) was ist
Wie alt sind Sie?

merī umar pañjhī sāl hai.
mein Alter 25 Jahr(m) ist
Ich bin 25.

tusīñ kī kamm karde/kardīāñ ho?
Sie was Arbeit(m) machen(m/w,Mz) sind
Was sind Sie (m/w) von Beruf?

maiñ ... hāñ.	Ich bin ...
kārīgar	Arbeiter
bekār	arbeitslos
ḍākṭar [doctor]	Arzt, Ärztin
kisān	Bauer

afsar [officer]	Beamter
foṭogrāfer [photographer]	Fotograf
vapārī	Geschäftsmann
injīnīr [engineer]	Ingenieur
jarnalisṭ [journalist]	Journalist
adhiāpak	Lehrer
vidiārthī (Ind), a: **tālib-e 'ilm** (Pak)	Student
vakil	Anwalt

tusīñ kī paṛde ho?
Sie was studieren(m, Mz) sind
Was studieren Sie?

maiñ ... paṛdā/paṛdī hāñ. *ich studieren(m/w,Mz) bin*	Ich studiere ... *(sagt Mann/Frau)*
kemisṭrī [chemistry]	Chemie
fisiks [physics]	Physik
āi ṭī [IT]	Computertechnik
injinīring [engineering]	Ingenieurswesen
bisnis eḍminisṭreshen [business administration]	Wirtschaft, BWL
lo [law]	Jura
angrezī	Englisch
pañjābī	Punjabi
hindī – urdū	Hindi – Urdu
medsin [medicine]	Medizin

Die meisten Studiengänge sind auf Englisch, daher sind auch hier auch die meisten Namen auf Englisch. Übrigens gelten die Punjabis als technisch äußerst begabt.

kī tuhānūñ Pañjāb pasand hai?
was euch Punjab(m) gefallen(m)
Gefällt Ihnen der Punjab?

Übrigens: Wenn man privat eingeladen wird, ist dies eine große Ehrbezeugung an den Gast.

mainūñ bahut pasand hai!
mir sehr gefallend(m) ist
Es gefällt mir sehr!

tainūñ Dillī kiveñ laggdī hai?
dir Dehli(w) wie fühlen(w) ist
Wie gefällt dir Delhi?

zarūr! mainūñ bahut acchī laggdī hai.
natürlich mir sehr gut fühlen(w) ist
Natürlich! Es gefällt mir sehr gut.

calo! cāh pio sāḍe nāl!
geh-! Tee(w) trink-! unsere gemeinsam
Los komm und trinke Tee mit uns!

acchā! calo, cāh pīe!
gut, geh-!, Tee(w) trinken-lasst!
Sehr gerne, lasst uns Tee trinken!

Floskeln & Redewendungen

Den letzten Schliff in einer Sprache bekommt man durch Floskeln und Redewendungen. Hier die wichtigsten und häufigsten:

sich entschuldigen

māf kar! *verzeihend mach(–)*	Verzeih mir!
māf karo! *verzeihend mach-!*	Verzeihen Sie mir!
māf kar do! *verzeihend machen gib-!*	Verzeihung!
mainūñ afsos hai! *mir Leid(m) ist*	Es tut mir Leid!

Für das deutsche „Entschuldigung!" (um sich z. B. in einer Menschenmenge Platz zu verschaffen) kann man auch das aus dem Englischen entlehnte sāyḍ! [side] *verwenden.*

koī gall nahīñ!
einige Wort(w) nicht
Das macht nichts! *(Als Antwort)*

zustimmen/ablehnen

hāñ! – hāñ jī! *ja – ja Seele(m)*	Ja! – Ja, sicher!
bilkul!	Auf jeden Fall!
zarūr!	Natürlich!
nahīñ!, nahīñ jī! *nicht – nicht Seele(m)*	Nein!
ṭhīk hai! *richtig ist*	In Ordnung! / Ich bin einverstanden!
acchā	Gut! / OK!

Zu Gast sein

Wie überall auf der Welt sind die Kinder ein wichtiges Gesprächsthema, was es oft erleichtert, das erste Eis zu brechen. Wenn man etwas mitbringen will, was übrigens immer gerne gesehen wird, kann man kleine Geschenke oder Süßigkeiten für die Kinder besorgen.

Wer sich besser kennt, umarmt sich zur Berüßung und zur Verabschiedung (zumindest Männer und Frauen untereinander).

tashrīf laiṇā!
Ehre(w) bringen
Treten Sie ein!

Die folgenden Floskeln bedeuteten alle „Herzlich willkommen!“

jī āiāñ nūñ!	*Willkommen! (allgemein)*
tuhāḍā svāgat hai!	*Willkommen! (Hindus)*
khūsh āmaded!	*Willkommen! (Moslems)*

tāñ suṇāo, kī hālcāl e?
dann laß-hören-! was Zustand-Lauf(m) ist
Na und, wie geht es so?

tuhāḍī sihat kiveñ hai?
Ihr(w) Gesundhei(w) wie ist
Wie geht es Ihrer Gesundheit?

sabh ṭhīk hai!
alles gut ist
Alles in Ordnung!

kī tuhāḍā parvār ṭhīk hai?
was Ihre(m) Familie(m) richtig ist
Geht es der Familie gut?

hāñ jī, ṭhīk ṭhak hai!
ja Seele(m) richtig richtig ist
Ja, alles in Ordnung!

ih merī gharvālī han!
diese meine(w) Ehefrau(w) sind
Dies ist meine Ehefrau!

ih merā gharvālā han!
diese mein(m) Ehemann(m) ist
Dies ist mein Ehemann!

baiṭho jī!
setze-! Seele!
Setzen Sie sich!

tusīñ kī pīvoge?
Sie was trinken-werden
Was wollen Sie trinken?

kirpā karke mere vāste ikk cāh!
Segen(w) machend meine für eins Tee(w)
Einen Tee, bitte!

tuhāḍe bacce bahut piāre han.
Ihre Kinder(m,Mz) sehr lieb(m,Mz) sind
Ihre Kinder sind sehr süß.

shukrīā! āo, khāṇā taiār hai!
danke, komm-! Essen(m) fertig ist
Danke! Kommen Sie, das Essen ist fertig!

Familie & Freunde

Die Grundlage der pakistanischen und indischen Gesellschaft ist die Familie. In Südasien lebt man in und mit Großfamilien und sieht sich selbst als Teil einer solchen. Die Blutsverwandschaft gilt als heilig und man verhält sich oft auf eine ganz bestimmte Weise, nur um nicht das Ansehen der Verwandten zu beschädigen. Die Familie ist oft Gesprächsthema. Im Punjabi wird ganz klar definiert, um welche Verwandtschaftsbeziehung es sich handelt.

parvār (Ind), a: **khandān**	Familie
pitā (Ind), **pio,** a: **vālid**	Vater
abā	Papa
mātā (Ind) (w), a: **vālida** (w)	Mutter
bībī (w), **māñ** (w)	Mama
dādā	Großvater (väterl.)
dādī (w)	Großmutter (väterl.)
nānā	Großvater (mütterl.)
nānī (w)	Großmutter (mütterl.)
bacce	Kinder
put, puttar	Sohn
tī (w), **khuṛī** (w)	Tochter
bharā, a: **bhāī**	Bruder
bhaiṇ (w)	Schwester
cācā, a: **tāiā**	Onkel (väterl.)
cācī (w), a: **tāī** (w)	Tante (väterl.)
māmā, a: **māsaṛ**	Onkel (mütterl.)
māmī (w), a: **māsī**	Tante (mütterl.)
kazin [cousin]	Cousin
kazin [cousin] (w)	Cousine
bhatījā	Neffe (brüderl.)
bhāñjā	Neffe (schwesterl.)
bhatījī	Nichte (brüderl.)
bhāñjī	Nichte (schwesterl.)
var	Bräutigam
dulhan (w)	Braut
gharvālā	Ehemann
gharvālī	Ehefrau
jījā	Ehemann d. Schwester
bhābī	Ehefrau des Bruders

Das Wort bharā *bezeichnet den leiblichen Bruder, während* bhāī *auch als Anrede mehr für einen guten Freund oder einen Gleichaltrigen verwendet werden kann.*

sālā	Schwager
sālī (w)	Schwägerin
sahurā	Schwiegervater
sās (w)	Schwiegermutter
javāī	Schwiegersohn
nūṇ (w)	Schwiegertochter
gavāṇḍī	Nachbar

sālā *ist auch ein Schimpfwort und sollte deshalb mit Vorsicht verwendet werden!*

kī tūñ shādī-shudā haiñ?
was Sie verheiratet-geworden bist
Bist du verheiratet?

shādī-shudā *ist unveränderlich. Alternativ dazu kann man auch* viāhiā hoā *(m) und* viāhī hoī *(w) sagen.*

maiñ kañvārā/kañvārī hāñ.
ich ledig(m/w) bin
Ich bin ledig.

hāñ jī, maiñ shādī-shudā hāñ!
ja Seele ich verheiratet(m/w) bin
Ja, ich bin verheiratet!

Hochzeit

Die Hochzeit (viāh) ist das wichtigste Ereignis im Leben eines Inders oder Pakistanis. Dementsprechend gut muss eine solche vorbereitet werden. Meist geht es hierbei weniger um die eigentlich Verheirateten, als vielmehr um die Vereinigung von zwei Familien und so genannte „arranged marriages", also Hochzeiten, bei denen die Eltern entscheiden, wen man zu heiraten hat, sind gerade auf dem Land nach wie vor üblich. Das Hochzeitsfest dauert oft mehrere Tage und man bekommt die feinsten kulinarischen Köstlichkeiten im Überfluss.

Es ist in Pakistan und Indien üblich, als Mädchen mit 20 und als Junge mit spätestens 25 verheiratet zu sein!

Wer die Möglichkeit hat, an einem Hochzeitsfest teilzunehmen, sollte sich das auf keinen Fall entgehen lassen.

kī maiñ is viāh dī rasam vic shāmal ho sakdā/sakdī hāñ?
was ich diese Hochzeit(m) von Ritual(w) in anwesend sein(–) können(m/w) bin
Kann ich an der Hochzeitszeremonie teilnehmen?

tuhāḍe kiñne bacce han?
euer(m,Mz) wieviele Kinder(m,Mz) sind
Wie viele Kinder haben Sie?

Übrigens sind 5 bis 8 Kinder pro Familie keine Seltenheit.

tuhāḍe khāndān vic kiñne lok han?
Ihre(g) Familie[g] in wieviele Leute(m,Mz) sind
Wie viele seid ihr denn in deiner Familie?

sich verabschieden

is davat laī bahut dhañnvād!
jene Einladung[g](w) für sehr danke
Vielen Dank für die Einladung!

phir milāñge!
wieder treffen-werden(m,Mz)
Bis bald!

khudā hāfiz!
Gott(m) schütze
Auf Wiedersehen!

Wer gehen möchte, wird sicherlich mit folgendem Satz gebeten, noch etwas länger zu bleiben.

kirpā thoṛī der hor ruko!
Segen(w) wenig Verspätung(w) mehr halte-!
Bleiben Sie doch ein bisschen!

Zeit & Datum

Im Punjab nimmt man es mit der Pünktlichkeit nicht so genau. Durch die vielen sozialen Verpflichtungen muss ein drauffolgender Termin manchmal etwas warten. Also bloß keinen Stress!

allgemeine Zeitangaben

din	Tag
haftā, a: **saptāh**	Woche
mahīnā	Monat
sāl	Jahr
pichhle sāl *voriges(g) Jahr*	letztes Jahr
agle sāl *nächstes(g) Jahr*	nächstes Jahr
ajj	heute
kallh	gestern; morgen
parsoñ	übermorgen; vorgestern
dupahir	Mittag
addī rāt	Mitternacht
saverā	Morgen
dupahir de bā'ad *Mittag von nach*	Nachmittag
shām (w)	Abend
shām nūñ *Abend zu*	abends
rāt (w)	Nacht
rāt nūñ *(Nacht zu)*	nachts
de bā'ad *(von nach)*	danach

Auf Punjabi wird grundsätzlich nicht zwischen "morgen" und "gestern" oder "übermorgen" und "vorgestern" unterschieden. Allerdings kann man für "morgen" auch das spezifischere **bhalak** *oder* **bhalke** *verwenden.*

toñ pahilāñ *(von erste(g))*	davor
ākhir	endlich
hameshā	immer
huṇ	jetzt
kadī kadī *(wann wann)*	manchmal
de bād *(von nach)*	nach
kadī nahīñ *(von nicht)*	niemals
aksar	oft

Wochentage

Die Namen der Wochentage unterscheiden sich in Pakistan und Indien. Wenn es zwei verschiedene Entsprechungen gibt, wird zuerst der indische und dann der pakistanische angegeben.

aitvār	Sonntag
somvār, a: **pīr** (Pak)	Montag
mangalvār, a: **mangal** (Pak)	Dienstag
budhdhvār, a: **budhdh** (Pak)	Mittwoch
vīrvār, a: **jumerāt** (Pak)	Donnerstag
shukkarvār, a: **jumā** (Pak)	Freitag
sanīcarvār, a: **haftā** (Pak)	Samstag

Übrigens: sanīcar ist eigentlich der Name des Planeten Saturn, der für viele Punjabis Unglück bedeutet. Vorsicht also mit dem Gebrauch!

maiñ agle mañgalvār nūñ āvāñgā/āvāñgī.
ich nächster(g) Dienstag(m) nach kommen-werde(m/w)
Ich komme am nächsten Dienstag.
(sagt Mann/Frau)

juma nūñ mainūñ fursat nahīñ.
Freitag(m) nach mir Freizeit(w) nicht
Freitags habe ich keine Zeit.

Monate

Grundsätzlich hat in Indien und in Pakistan jede Religionsgruppe ihre eigene Zeitrechnung. Übergeordnet gibt es erstens die gregorianische, die bei allen weltlichen Zeitangaben verwendet wird, zweitens der Kalender der Sikhs – der speziell in Indien wichtig ist – und drittens der islamische Hidschra-Kalender.

gregorianischer Kalender

Die Namen der gregorianischen Monate sind vom Englischen abgeleitet. Sie sind vor allem im Geschäftsleben wichtig.

janvarī [January]	Januar
farvarī [February]	Februar
mārc [March]	März
aprail [April]	April
maī [May]	Mai
jūn [June]	Juni
julāī [July]	Juli
agast [August]	August
stambar [September]	September
aktūbar [October]	Oktober
navambar [November]	November
dasambar [December]	Dezember

Sikh-Kalender

Dieser - auch nānakashāhī *genannte - Kalender gilt in erster Linie für Sikhs, er ähnelt aber dem der Hindus und wird somit auch von diesen verstanden.*

Der Sikh-Kalender ist vom hinduistischen Vikramadity-Kalender abgeleitet. Er ist der christlichen Zeitrechnung um 57 Jahre voraus und beginnt jeweils im April. Die Monatsnamen sind aus dem Sanskrit entlehnt.

vaisākh	April-Mai
jeṭh	Mai-Juni
hār	Juni-Juli
sāvan/son	Juli-August

bhādoñ	August-September
assū	September-Oktober
kattak	Oktober-November
magghar	November-Dezember
poh	Dezember-Januar
māgh	Januar-Februar
phaggaṇ	Februar-März
cet	März-April

moslemischer Kalender

Hier nun die arabischen Monatsnamen des moslemischen Hidschra-Kalenders, der mit nur 354 Tagen durch das gregorianische Jahr läuft und sich dementsprechend andauernd verschiebt. Der Hidschra-Kalender ist besonders in Pakistan wichtig.

Der 9. Monat ist der Fastenmonat, der 12. ist der Pilgermonat.

1. **muharram**	7. **rajab**
2. **safar**	8. **shābān**
3. **rabī' ul-awwal**	9. **ramzān**
4. **rabī' as-sāni**	10. **shawwāl**
5. **jamādī ul-awwal**	11. **zīqād**
6. **jamādī us-sānī**	12. **zil-hijja**

Um das Datum zu beschreiben, braucht man die Ordnungszahlen.

ajj kī tārīkh hai?
heute was Datum(w) ist
Was ist das heutige Datum?

ajj maī [May] **dī pahilī tārīkh hai!**
heute Mai(m) von(w) erste(w) Datum(w) ist
Heute ist der erste Mai.

ajj aprail [April] **dī pandrāvīñ tārīkh hai.**
heute April von(w) fünfzehnte(w) Datum(w) ist
Heute ist der 15. April.

Alternativ können auch nur die Zahlen + Monatsname verwendet werden:
ajj das jūn hai
(heute ist der 10. Juni).

merā janam din janvarī [January] **dī cār tārīkh hai.**
mein(m) Geburt Tag(m) Januar von(w) vierDatum(w) zu ist
Ich habe am 4. Januar Geburtstag.

vaisākh pañjābī sāl dā pahilā mahīnā hī te sikhkh kaum dā janam hai!
Vaisakh Punjabi Jahr von erster Monat(m) eben und Sikh Nation von Geburt(m) ist
Vaisakh ist der erste Monat des Punjabi-Jahres und die Geburt der Sikh-Nation.

Jahreszeiten

mausam	Jahreszeit	**barsāt**	Regenzeit
basant	Frühling	**pattjhaṛ**	Herbst
garmī	Sommer	**sardī**	Winter

Das Jahr des Punjab kennt fünf Jahreszeiten!

Uhrzeit

kiñne vaje han?
wieviele schlug(m,Mz) sind
Wie spät ist es?

kī vakat hai?
was Zeit(m) ist
Wie spät ist es?

kī tāim [time] **hai?**
was Zeit(m) ist
Wie spät ist es?

Das Verb vajnhā (schlagen) steht dabei in der Vergangenheit. Die Antwort ist auch nicht sonderlich kompliziert: Für volle Stunden werden die Grundzahlen benutzt, und zwar nur von 1 bis 12, die durch die Angabe der Tageszeit ergänzt werden können (z. B. „morgens/nachmittags/abends/nachts“).

Da ghaṇṭā *(Stunde) ein männliches Hauptwort ist, erhält das Verb* vajṇā *(schlagen) auch eine männliche Endung, obwohl* ghaṇṭā *nicht genannt wird. Außer für „ein Uhr“ steht es außerdem in der Mehrzahl.*

ikk vajiā hai.
eins schlug(m) ist
Es ist ein Uhr.

do vaje han.
zwei schlug(m, Mz) sind
Es ist zwei Uhr.

rāt de giārāñ vaje han.
Nacht von elf schlug(m ,Mz) sind
Es ist elf Uhr nachts.

huṇ das vaje han.
jetzt zehn schlug(m, Mz) sind
Es ist jetzt zehn Uhr.

sekenḍ [second] (m)	Sekunde
minaṭ [minute] (m)	Minute
ghaṇṭa (m)	Stunde
pauṇe ...	Viertel vor ...
savā ...	Viertel nach ...
sāḍhe ...	... plus ½ Stunde

sāḍhe cār vaje han.
plus-halb vier geschlagene schlug(m, Mz) sind
Es ist halb fünf.

saver pauṇe nauñ vaje han.
morgens früh Viertel neun schlug(m,Mz) sind
Es ist Viertel vor neun morgens.

dupahir de savā pāñj vaje han.
Mittag(m) von eins-Viertel fünf schlug(m, Mz) sind
Es ist Viertel nach fünf nachmittags.

Neben dupahir de *sagt man auch* din de *(tagsüber).*

Da es im Punjabi auch Bezeichnungen für Bruchzahlen, die größer als eins sind, gibt, kann man einige Uhrzeiten auch wie folgt formulieren:

pauṇe vaje han *Viertel schlug(m, Mz) sind*	Viertel vor eins
savā vaje han *eins-ein-Viertel schlug(m,Mz) sind*	Viertel nach eins
ḍeḍh vaje han *eins-einhalb schlug(m,Mz) sind*	halb zwei
ḍhāī vaje han *zwei-einhalb schlug(m,Mz) sind*	halb drei

Um die Uhrzeit genauer anzugeben, verwendet man die Bruchzahlen.

do vajaṇ vic pāñj minaṭ han.
zwei Schlagen[g] in fünf Minuten(m,Mz)sind
Es ist fünf vor zwei.

tīññ vajke das minaṭ.
drei schlagend zehn Minuten(m,Mz)
Es ist zehn nach drei.

havāī jahāz che vajke vīh minaṭ caṛegā.
luftig Gefährt(m) sechs schlagend zwanzig Minuten(m,Mz) starten-wird(m)
Das Flugzeug startet um sechs Uhr zwanzig.

Bei Minutenangaben „nach" der nächsten vollen Stunde und bei der Angabe „um ... Uhr" wird -ke *and den Stamm gehängt und damit das „echte" Gerundium gebildet.*

Religion

Der Punjab weist gleich drei Religionsgemeinschaften auf: die Hindus, die Moslems und die Sikhs. Insgesamt sind Indien und Pakistan zwei sehr religiöse Länder und die Menschen sind tiefgläubig.

Besucher dürfen Sikh- und Hindu-Tempel meist betreten, bei Moscheen sollte man jedoch vorher fragen.

kī maiñ andar ā sakdā/sakdī hāñ?
was ich hinen kommen(-) können(m/w) bin?
(fragt Mann/Frau)

Als Besucher sollte man Verständnis, Toleranz und Rücksicht für die Vorstellungen, Riten und Gebräuche der Gläubigen mitbringen. Kritik und Vergleiche zum „Westen“ sind nicht angebracht und sollten unbedingt vermieden werden.

Die Frage nach der Konfession ist bei Ausländern übrigens Standard. Man sollte hierauf immer antworten, dass man gläubig ist, die Religion ist fast zweitrangig. Atheismus dagegen löst nur Unverständnis aus.

kī tusīñ musalmān/hindū/sikhkh ho?
was Sie Moslem/Hindu/Sikh sind
Sind Sie Moslem/Hindu/Sikh?

jī nahīñ, maiñ kristcen [Christian] **hāñ.**
Seele(m) nicht, ich Christ bin
Nein, ich bin Christ.

dharm (Ind); **mazhab**	Religion
ādhyātmiktā (Ind)	Spiritualität
rabb (Ind)	Gott *(sagen Sikhs)*
bhagvān; īshvar	Gott (*sagen Hindus*)
allāh, khudā	Gott *(sagen Moslems)*
hindū dharm	Hinduismus
sikhkh dharm	Sikhismus
islām	Islam
krisṭciyeniṭī [Christianity]	Christentum
hindū	Hindu
sikhkh	Sikh
musalmān	Muslim
krisṭcen [Christian]; **'īsā'i** (Pak)	Christ, christlich
yahūdi	Jude, jüdisch
namāz (w) (Pak)	Gebet
namāz paṛṇhā (Pak)	beten
ardās/pūjā (Ind)	Gebet (*Sikhs, Hindus*)
ardās pūjā karnā (Ind)	beten, anbeten
dhyān (Ind)	Meditation
guru (Ind)	Priester, Meister
sangat (Ind)	Zusammenkunft von Sikhs; gemeinsames Gebet
gurduārā	Gurdwara (Sikh-Gebetshaus)
palkī (w) (Ind)	Altar in Sikh-Gebetshäusern
mandir	Tempel
masjid (w)	Moschee
cerc [church]	Kirche

Punjabi ist die Sprache der Sikh-Schriften und ist dadurch ganz eng mit dem Sikhismus verbunden. Der Sikhismus ist eine überaus weltoffene Religion, die an einen einzigen Gott glaubt. Sikhs praktizieren Toleranz, Offenheit und Großzügigkeit.

Der Sikhismus wurde am Ende des 15. Jahrhunderts von Guru Nanak im Punjab gegründet. Sein Ziel war es, die Religionen der Hindus und Moslems in einem monotheistischen Glauben zusammen zu führen. Im 16. Jahrhundert gründete Guru Gobind Singh eine Art Geheimbund (khalsā), der Sikh-Männern lehrte, sich zu verteidigen. Daher rührt die Vorstellung, dass Sikhs militaristisch und kämpferisch veranlagt sind.

Ein Sikh folgt fünf grundsätzlichen Kleidungsvorschriften: 1. das Verbot, die Haare zu schneiden (kesh). *Sikh-Männer haben Bärte, und sie tragen ihre Haare zu einem Zopf gebunden unter einem Turban, 2. das Tragen eines Kamms* (kaṅghā), *3. Hosen* (kuchchā), *und keine Lendentücher, wie sie beispielsweise viele Hindus tragen, 4. ein Armband* (karā) *und 5. das Beiführen des Schwertes* kirpan *(heute meist nur noch in Form eines Bildes auf dem Kamm).*

Feiertage

vaisākhī: Neujahrsfest am ersten vaisākh, erinnert die Gläubigen an die Gründung des khalsā
arjun dev: Tag des Martyriums von Arjun Dev im Monat jeṭh
dīvalī: das Fest des Lichtes im Monat kātik
nanak jayantī: der Geburtstag von Guru Nanak im Monat magghar
holā: das Fest der Farben im Monat phāgun
gobind singh jayantī: der Geburtstag von Guru Gobind Singh

Ebenso wichtig sind jeweils die ersten Tage eines Monats des Sikh-Kalenders, die als sangrānd bezeichnet werden und den Eintritt der Sonne in ein neues Zeichen kenntlich machen.

sangrānd dā matlab kī hai?
Sangrand(w) von Bedeutung(m) was ist
Was ist die Bedeutung von Sangrand?

Unterwegs

Im Punjab unterwegs sein macht Spaß, da erstens die Menschen aufgeschlossen und hilfsbereit sind und zweitens das Transportsystem relativ gut ausgebaut ist.

Einige Längenmaße unterscheiden sich von den allgemein gebräuchlichen:

iñc [inch]	Inch (1 Inch = 2,54 cm)
fīṭ [feet]	Feet (1 Foot = 0,30 m)
miṭar [metre]	Meter
kilumiṭar [kilometre]	Kilometer

Alle Aktionen im Flugverkehr werden auf Englisch abgewickelt und deshalb ist es hierbei nicht notwendig Punjabi zu sprechen.

... zu Fuß

Indische und pakistanische Städte lassen sich meist gut zu Fuß erkunden. In vielen Städten gibt es die Altstadt mit engen Gassen, auf denen sich das Leben abspielt. Wenn man nach dem Weg fragt, sollte man sehr genau beschreiben, wohin man will, und vielleicht sogar mehrere Personen ansprechen, um sicher sein zu können, dass man nicht aus Versehen in die falsche Richtung unterwegs ist.

jī, gurduārā kiththe hai?
Seele(m), Gurdwara wo ist
Verzeihung, wo ist der Gurdwara?

Gurdwara *ist der Name der Sikh-Gebetshäuser.*

iththoñ bāzār kiññā dūr hai?
hier-von Bazar wieviel weit(m) ist
Wie weit ist der Bazar von hier?

Die Richtungsangaben findet man in der Umschlagklappe.

suno jī, jāmā masjid kiththe hai?
shöre-! Seele Versammlung(m) Moschee(m) wo ist
Verzeihung, wo ist die Jama' Masjid? (große Moschee Delhis)

Bedenken Sie auch immer, wen Sie fragen. So sollte man, wenn man das Nobelrestaurant im Polo-Club sucht, nicht unbedingt den Zeitungsverkäufer an der Ecke fragen.

ih kihṛā bhavan hai?
dieser welcher Gebäude(m) ist
Was ist das für ein Gebäude?

iththe dekhaṇ yog kī hai?
hier sehen(g) Methode was ist
Was gibt es hier zu sehen?

mit dem Taxi

In indischen und pakistanischen Städten gibt es Taxis und Motorrikschas, die alle ein Taxameter haben. Da diese meist alt sind und die Inflation groß ist, zeigen sie einen Preis an, der nicht mehr aktuell ist. Die Fahrer haben aber eine Tabelle, mit der sie den angezeigten Preis in den jetzt gültigen – der natürlich höher ausfällt – umrechnen. Oft ist es aber ein Problem, den Fahrer dazu zu bewegen, den Zähler einzuschalten.

ṭaiksī (w)	Taxi
rikshā (w)	(Motor-/Fahrrad-)Rikscha
āṭo rikshā (w) [auto rickshaw]	Motor-Rikscha
ḍrāivar [driver]	Fahrer
miṭar [metre]	Zähler
shahir	Stadt
piṇḍ	Dorf
havāī aḍḍā *luftig Platz(m)*	Flughafen

Nicht selten wird der Fahrer darauf bestehen, einen Festpreis zu bekommen. Sollte das der Fall sein, muss man diesen Preis unbedingt vorher aushandeln.

Auf dem Land nehmen Fahrer auch mehrere Gäste mit und der Preis wird danach geteilt!

mainūñ ṭaiksī kiththe milegī?
mir Taxi(w) wo finden-wird(w)
Wo kann ich hier ein Taxi bekommen?

maiñ havāī aḍḍe jāṇā hai.
ich luftig Platz(m)(g) gehen ist
Ich muss zum Flughafen.

miṭar [metre] **te calo!**
Zähler[g] aufgeh-!
Schalten Sie den Zähler ein!

jī, miṭar [metre] **kharāb hai!**
Seele(m), Meter(m) kaputt ist
Mein Zähler ist kaputt, mein/e Herr/Dame.

tāñ bolo! kiñne paise laggange?
so sprich-!, wieviel Geld(m,Mz) kosten-werden
Na gut, dann sagen Sie, wie viel wird das kosten?

fikar na karo, jī!
Sorge(m) nicht mach-!, Seele(m)
Machen Sie sich keine Sorgen!

tuhāḍe laī siraf ikk sau pañjāh rupaie!
Sie-von für nur eins hundert fünfzig Rupees(m,Mz)
Für Sie nur 150 Rupees!

ih bahut mahiñgā hai!
dieser groß teuer(m) ist
Das ist sehr teuer!

ṭhīk hai! calo!
richtig ist fahr-!
In Ordnung fahren wir!

baiṭho jī, baiṭho!
sitz-! Seele(m) sitz-!
Setzen Sie sich bitte!

battī toñ sajje jāṇā!
Licht(w) von rechts Fahren Sie an der Ampel rechts!
Fahren Sie an der Ampel rechts!

paiṭrol pamp [petrol pump] **de pichche khabbe laiṇā!**
Erdöl(m) Pumpe(m)[g] von hinter links nehmen
Fahren Sie nach der Tankstelle nach links!

siddhā calo!
geradeaus fahr-!
Fahren Sie geradeaus!

ruko!
halte-!
Halten Sie!

In Städten wie Amritsar oder Patiala, aber auch in Alt-Delhi gibt es übrigens sogar noch Fahrradrikschas, die noch mal billiger sind, als die mit Motor betriebenen.

Übrigens ist es sinnvoll über sein Fahrtziel immer etwas mehr als nur die Straße oder das Stadtviertel zu wissen. Zum Beispiel: „in der Nähe des Air India Büros“ oder so ähnlich. Die Straßen können nämlich sehr lang sein und zweitens kennen die Taxifahrer nicht immer die Straßennamen.

... mit dem Bus

Busse sind gute Fortbewegungsmittel. Es gibt in den meisten Städten Nahverkehrsbusse, die eine billige Alternative zu Taxis sind, aber dafür oft brechend voll sein können.

Im Überlandverkehr werden auch Busse eingesetzt. Hierbei gibt es verschiedene Preis- und Komfortklassen. Die billigsten sind die sogenannten ST buses, die an allen nur erdenklichen Stationen halten. Es gibt aber auch Luxus („luxury-class") und Deluxe-Klassen („deluxe-class").

In ganz Indien sind die Busfahrer aus dem Punjab gleichermaßen wegen ihrer Ausdauer, aber auch wegen ihrer Fahrweise berühmt-berüchtigt.

bas [bus] (w): **koc** [coach]	Bus
ṭikaṭ [ticket] (m, a: w)	Fahrkarte
ikk tarfā dī ṭikaṭ [one way ticket]	einfache Fahrkarte
āṇ-jāṇ dī ṭikaṭ a: **riṭarn ṭikaṭ** [return ticket]	Hin- und Rückfahrkarte
bas (i)sṭāp [bus stop], a: **basāñ dā aḍḍā**	Bushaltestelle
bas (i)sṭeshan [bus station]	Busbahnhof
caṛṇā	einsteigen
ḍrāivar [driver]	Fahrer
savārī	Passagier
darja	Klasse (Bus/Zug)
samān	Koffer, Gepäck
sīṭ [seat] (w), **jagāh** (w)	Sitzplatz
buking [booking], a: **riserf** [reserve]	Reservierung

Aufgrund der oft schlechten Straßenverhältnisse ist das Busfahren nicht immer ganz sicher. Vor allem im Norden des Punjab und in den angrenzenden Bergregionen kann es zum schweißtreibenden Abenteuertrip werden.

kihṛī bas [bus] **Candīgār jādī hai?**
welche Bus(w) Chandigarh gehen(w) ist
Welcher Bus fährt nach Chandigarh?

ih Rāvalpiṇḍī jāṇ vālī bas [bus] **e, na?**
diese Rawalpindi(m) gehen[g] Besitzerin(w) Bus(w) ist nicht
Das ist doch der Bus nach Rawalpindi, oder?

kadoñ pahuñcegī?
wann ankommen-wird(w)
Wann kommt er an?

Das Wort āpṇā *heißt „eigen" und bezieht sich immer auf die Person, von der gesprochen wird.*

maiñ kiththe āpṇā samān rakhkh sakdā hāñ?
ich wo eigener(m) Gepäck legen(-) können(m) bin
Wo kann ich mein Gepäck unterbringen?

Auf Überlandbussen der Luxusklasse werden Hindi- und Urdu-Filme in einer oft ohrenbetäubenden Lautstärke gezeigt.

is koc vic viḍiyo sisṭam [video system] **mildā hai?**
diese Bus[g](w) in Video System(m) treffen(m) ist
Gibt es in diesem Bus ein Videogerät?

zarā avāz haulī karo!
wenig Lautstärke(m) langsam mach-Sie
Machen Sie es bitte etwas leiser!

Neben dieser förmlichen Floskel hört man auch einfach cangā safar! *oder das englische* happy journey!

surakhkhiat safar laī shubh ichāvāñ!
sicher Reise(m) für glücklich Wünsche(w,Mz)
Eine gute Reise!

... mit dem Zug

Viel sicherer als mit dem Bus ist es, mit dem Zug zu reisen. Die Bahnnetze Pakistans und Indiens gehören zu den längsten unseres Planeten, und schon alleine deswegen gehört eine Reise mit dem Zug unbedingt dazu. Um mit dem Zug zu fahren, braucht man eine Fahrkarte, die auf einen ganz bestimmten Tag, einen bestimmten Zug und einen Sitzplatz ausgestellt ist. Es gibt verschiedene Zugarten. Man unterscheidet v. a. zwischen Express, Mail und Passenger Trains, wobei der Express-Train der schnellste ist. Jeder der Züge hat verschiedene Klassen. Grundsätzlich unterscheidet man zwischen erster und zweiter Klasse. Innerhalb dieser Klassen gibt es aber Schlafwagen (sleeper-class) und Sitzwagen (chair- und seat-class) und Wagen mit und ohne Klimaanlage (air-con).

Mit dem Ticket begibt man sich nun auf die Suche nach dem Zug und stellt fest, dass an dem Wagen, in dem man gebucht hat, ein Zettel angebracht ist mit den Sitzplatznummern und den Namen der Reisenden.

Der „Pantry Car" hat wenig mit einem Speisewagen in europäischen Zügen zu tun. Es handelt sich vielmehr um eine Großküche, in der andauernd Snacks, Tee, Kaffee und andere Getränke zubereitet werden, die dann von den Kellnern im gesamten Zug verkauft werden.

Die bekanntesten Speisen in indischen Zügen sind āmleṭs [omelettes] *aus Eiern und* kaṭleṭs [cutlets], *eine meist vegetarische Frikadelle.*

Baṭhindā iththoñ kiñne kilumīṭar han?
Bathinda hier-von wie-viele(m,Mz) Kilometer(m) sind
Wie viele Kilometer sind es von hier nach Bathinda?

Die Briten haben das Bahnsystem des Subkontinents geprägt, und deswegen sind auch heute noch die meisten Ausdrücke auf Englisch.

relve [railway] (w)	Eisenbahn
relgāṛī (w), a: **ṭren** [train] (w)	Zug
lokal ṭren (w) [local train]	Vorstadt-Zug (in Großstädten wie Delhi)
koc [coach]	Wagen
bairṭh [berth]	Abteil
cer kār [chair car]	Wagen mit Liegesesseln
(i)slīpar [sleeper]	Liegebank
pahilā darjā, a: **farsṭ klas** [first class]	erste Klasse
dusrā darjā, a: **saikaṇḍ klas** [second class]	zweite Klasse
paiṇṭrī kar [pantry car]	Speisewagen
(i)sṭeshan [station]	Bahnhof
ṭikaṭ [ticket] (m, a: w)	Ticket
ikk tarfā dī ṭikaṭ	einfache Fahrkarte
āṇ-jāṇ dī ṭikaṭ [return ticket]	Hin und Rückfahrkarte
sīṭ [seat] (w), **jagāh** (w)	Sitzplatz
buking [booking]	Reservierung
daftar a: **sūc**	Schalter
ṭī sī [TC ticket collector]	Kontrolleur
safar	Reise
safar karnā *Reise machen*	verreisen

Den Informationsschalter nennt man puchch-gichch daftar.

gaḍḍī kis plaiṭform [platform] **te pahuñcegī?**
Wagen(w) was(g) Bahnsteig(m)[g] auf ankommen-wird(w)
Auf welchem Bahnsteig kommt der Zug an?

mainūñ Añmritsar jāṇ vālī shān-e pañjāb laī ikk farsṭ klas [first class] **ṭikaṭ** [ticket] **cāhīdā hai.**
mir Amritsar gehen[g] Besitzerin(w) Stolz-von Punjab für eins erste Klasse Fahrkarte(m) wollend(m) ist
Ich möchte ein Erste-Klasse-Ticket für den Shan-e Punjab nach Amritsar.

Der Shan-e Punjab („Stolz des Punjabs") ist ein Schnellzug, der Delhi und Amritsar verbindet.

Auf Bahnhöfen des Subkontinents findet man Gepäckträger (kulī), die einem für ein paar Rupien selbst die schwersten Koffer und Rucksäcke schleppen.

o kulī, samān cukk!
he Träger(m), Gepäck(m) heb
Träger, nimm mein Gepäck!

... selbst am Steuer

Wer noch unabhängiger unterwegs sein will, kann sich sein eigenes Fahrzeug mieten oder gar kaufen. Wer sich ein Auto mieten will, sollte dieses nur mit Fahrer nehmen, da man sich erstens nicht an den chaotischen Linksverkehr gewöhnen muss und zweitens der Preis nur geringfügig variiert.

Immer mehr Besucher erkunden den Subkontinent mit Motorrädern, auch das Fahrrad bzw. Motorroller sind sehr beliebt.

maiñ moṭarsāikil [motorcycle] **kirāie te laiṇā cāhuñdā/cāhuñdī hāñ.**
ich Motorrad(w) Miete(m)(g) auf nehmen wollen(m/w) bin
Ich (m/w) möchte ein Motorrad mieten.

din/hafte dā kirāiā kiñnā hai?
Tag(m)/Woche(m)(g) von Miete(m) wieviel ist
Wie viel kostet das pro Tag/Woche?

Motorroller, Mofas, Mopeds und Vespas kann man in Indien und Pakistan ohne Führerschein fahren. Für Autos und Motorräder braucht man dagegen eine internationale Fahrerlaubnis. Das Wort SUMO *bezieht sich auf den gleichnamigen Jeep der Firma* TATA.

signail [signal], **battī** (w)	Ampel
gaḍḍī (w)	Auto
baiṭrī [battery] (w)	Batterie
paiṭrol [petrol]	Benzin
braik [brake]	Bremse
sāikil [cycle] (w)	Fahrrad
laiseñs [licence]	Führerschein
gīr [gear]	Gang
hailmeṭ [helmet]	Helm
jīp [jeep], a: **sūmo** (Ind)	Jeep
maip [map], a: **nakshā**	(Land-)Karte
raḍiyeṭar [radiator]	Kühler
klac [clutch]	Kupplung
hainḍalbār [handlebars]	Lenkstange
battiyāñ (w)	Lichter, a: Blinker
lori [lorry], a: **ṭrak** [truck]	LKW
havā	Luft
injin [engine]	Motor
moṭarsāikil [motorcycle](w)	Motorrad
skūṭar [scooter], a: **kāineṭik** [kinetic]	Motorroller; Mofa; Moped
āil [oil], a: **tel**	Öl
pahiyā	Rad
ṭāyar [tyre]	Reifen
ṭhīk karnā	reparieren
ṭaink [tank]	Tank
paiṭrol pamp [petrol pump]	Tankstelle
deknḥā, a: **vekṇā**	überprüfen
inshurans [insurance]	Versicherung

iththe paiṭrol pamp [petrol pump] **kiththe hai?**
hier Erdöl Pumpe(m) wo ist
Wo gibt es hier eine Tankstelle?

kī ih Peshāvar vālā roḍ [road] **hai?**
was dieser Peshawar Besitzerin(w) Straße(w) ist
Führt diese Straße nach Peshawar?

tel te pāṇī dekho!
Öl(m) und Wasser(m) sieh-!
Überprüfen Sie Öl und Wasser!

kī tusīñ merī moṭarsāikil [motorcycle] **ṭhīk kar sakde ho?**
was Sie mein Motorrad(w) Reparierung(m) machen(–) können(m,Mz) sind
Könnten Sie mein Motorrad reparieren?

injin [engine] **nahīñ caldā!**
Motor(m) nicht funktionieren(m)
Der Motor funktioniert nicht.

injin [engine] **garam ho giā!**
Motor(m) heiß sein(–) ging(m)
Der Motor läuft heiß!

ṭāyar [tyre] **pañcar ho giā hai.**
Reifen(m) platter sein(–) ging(m) ist
Ich habe eine Reifenpanne!

ṭaink [tank] **bhar do!**
Tank(m) füllen(–) gib-!
Volltanken, bitte!

Übernachten

In Indien und Pakistan findet man alle nur erdenklichen Hotels. Es gibt von einer einfachen Absteige für ein paar Rupees bis hin zu internationalen 5-Sterne-Palästen alles. In den touristisch erschlossenen Gebieten sind die Hotels natürlich teurer, dafür aber oft auch sauberer. Billige Pensionen findet man zum Beispiel oft in der Altstadt und nahe den diversen Bus- und Zugbahnhöfen. Auf dem Land gibt es Gästehäuser und Pensionen, in denen man auch speisen kann – das nennt sich lodging and boarding.

Vorsicht! Der Begriff hotel *bezeichnet in Indien und Pakistan auch oft Restaurants. Nicht überall, wo Hotel draufsteht, ist auch Hotel drin ...*

cangā hoṭal [hotel] **kiththe hai?**
gut Hotel(m) wo ist
Wo gibt es hier ein gutes Hotel?

maiñ gesṭhāus [guesthouse] **labh rihā/rahī hāñ.**
ich Pension(m) suchen(m/w) bin
Ich (m/w) suche nach einer Pension.

mainūñ ikk singal [single] **kamrā cāhīdā hai.**
ich eins einzel Zimmer(m) wollend(m) ist
Ich möchte ein Einzelzimmer.

ḍabal [double] **kamre dā kirāiā kiññā hai?**
doppelt Zimmer(m) von Miete(m) wieviel ist
Wie viel kostet ein Doppelzimmer?

asīñ ikk din/do din/tīñn din/ikk haftā rahānge.
wir eins Tag(m)/zwei Tag/drei Tag/ eins Woche(m) bleiben-werden(m, Mz)
Wir werden einen Tag/zwei Tage/drei Tage/eine Woche bleiben.

kī maiñ kamrā vekh sakdā/sakdī hāñ?
was ich Zimmer(m) sehen(–) kann(m/w) bin
Kann ich (m/w) das Zimmer sehen?

sānūñ ġusalkhāne vālā kamrā cāhīdā hai!
uns Badezimmer(m)(g) Besitzer(m) Zimmer(m) wollend(m) ist
Wir wollen ein Zimmer mit Bad!

In die Hotels kommen täglich Wäscher (dhobī), die Ihre Kleidung gegen ein paar Rupees waschen und bügeln. Man kann diesen Service problemlos nutzen!

kī is hoṭal [hotel] **vic dhobī hai?**
was dies Hotel(m)[g] in Wäscher ist
Gibt es in diesem Hotel einen Wäscher?

ih kapṛe dhovo!
dieser Wäsche(m,Mz) wasch-!
Waschen sie diese Wäsche!

hoṭal [hotel]	Hotel
gesṭhāus [guesthouse]	Pension
loj [lodge]	Hotel, Pension (untere Preisklasse)

Ausgesprochene Campingplätze findet man nicht, dafür kann man Leute fragen, ob man auf ihrem Grundstück kampieren darf. In der Bergregion und in den Ebenen des Punjabs ist natürlich auch wildes Campen möglich. In vielen Orten Indiens kann man auch in Meditations-zentren oder Ashrams übernachten.

Übernachten

Jugendherbergen gibt es in Indien nur in Form von christlichen Zentren wie dem YWCA für Frauen oder dem YMCA für Männer. Das englische Wort hostel bezeichnet auf dem Subkontinent nur Studentenwohnheime.

Geheimtipp: Im Goldenen Tempel (harmandar sāhib) *von Amritsar gibt es große Schlafsäle für PilgerInnen, in denen man auch als Nicht-Sikh drei Tage kostenlos übernachten kann. Allerdings muss man hier die örtlichen Gebräuche respektieren und sollte den Betreibern unbedingt eine kleine Spende geben.*

kamrā, a: **rūm** [room]	Zimmer
ḍabal rūm [double room]	Doppelzimmer
singal rūm [single room]	Einzelzimmer
tālī (w), a: **cābī** (w)	Schlüssel
khālī	leer, unbesetzt
ful [full]	voll, besetzt
mañjā, a: **palangh**	Bett
ḍabal baid [double bed]	Doppelbett
kambal	Decke
cādar (w)	Laken
sirāṇā, takiyā	Kopfkissen
machhirī	Moskitonetz
ai sī [AC]	Klimaanlage
ġusalkhānā, a: **ishnānghar** (Ind)	Badezimmer, Toilette
ṭāilet paipar [toilet paper]	Klopapier
laimp [lamp]	Lampe
bijlī (w)	Strom
sef [safe]	Sicherheitsfach
sop [soap], a: **sābun**	Seife
taulīā, taual [towel]	Handtuch
ṭhaṇḍā pāṇī	Kaltwasser
garam pāṇī	Warmwasser
boylar [boiler], a: **gīsar**	Boiler
sāf – gandā	sauber – schmutzig
buking [booking] **karnā** *Reservierung machen*	reservieren

Essen & Trinken

Die Küche des Punjab ist in ganz Indien und Pakistan populär. Vieles dessen, was man bei uns als typisch indisch kredenzt bekommt, hat seine Wurzeln im Nordwesten des Subkontinents. Im folgenden wird eine kurze Einführung in das so umfassende Gebiet gegeben.

Frühstück

Das Frühstück im Punjab besteht in kleinen Hotels meist aus Toastbrot, Konfitüre, etwas Butter, manchmal Ei und dazu Tee bzw. Kaffee. Große Frühstücks-Büffets gibt es nur in internationalen Hotels. In Lokalen bekommt man diverse Sandwiches, südindische Köstlichkeiten wie iḍlī oder dosā und die überall beliebten parāṭhā genannten gefüllten Fladenbrote (s. S. 103), die mit Joghurt serviert werden.

braiḍ [bread]	Brot, Toast
ṭosṭ [toast]	Toast
saiṇḍvic [sandwich]	Käsesandwich
makkhaṇ	Butter
aṇḍā	Ei
jaim [jam]	Konfitüre, Marmelade
parāṭhā	gefüllte Fladenbrote
dahī	Joghurt
cāh (w)	Tee
kofī [coffee]	Kaffee
dudhdh	Milch

Traditionell am Land - allerdings nicht von Hindus - wird u.a. auch kīmā (stark gewürztes Hackfleisch), nihārī und sirī pāȳ (beides Rindfleischgerichte) gegessen.

Mittag- & Abendessen

Kein Wunder, dass das Wort roṭī *alleine auch allgemein sinnbildlich für das "Essen" steht. Beliebt ist neben den beschriebenen Brotsorten auch* bhaṭūrā, *ein frittiertes Fladenbrot, das sich ballonartig aufbläht.*

Die Grundlage für ein typisches Essen im Punjab ist immer Fladenbrot (roṭī). Es wird zu jeder Mahlzeit frisch auf einer Eisenplatte (tavā) zubereitet. Neben diesem normalen Fladenbrot gibt es auch ein weiches, namens kulcā, sowie ein aus Maismehl zubereitetes, namens makāī dī roṭī. Meist isst man Curries, also Fleisch- oder Gemüsegerichte, die in einer stark gewürzten Sauce gekocht werden.

vegetarische Curries

Es gibt unzählige Methoden, diese Curries zuzubereiten. Jede Bevölkerungsgruppe des Punjabs hat ihre eigenen Spezialitäten.

ālū gobhī	aus Kartoffel/Blumenkohl
ālū methī	Kartoffel-Curry
ālū maṭar	aus Kartoffel und Erbsen
dam ālū	Kartoffel-Curry
maṭar panīr	aus Käse und Erbsen
pālak panīr	Käse-Spinat-Curry
panīr bhurjī	trockenes Curry mit Käse und Gewürzen
panīr masālā	Käse-Curry
baingaṇ bhartā	gefüllte Auberginen
bhindī masālā	aus Okraschoten
canā masālā	aus Kichererbsen
lahsunī tavā dhingrī	Curry mit viel Knoblauch
malāī koftā	kleine Bällchen in einer dicken Sauce
navaratan kormā	Curry aus neun Gewürzen
sarsoṅ dā sāg	Curry aus Senfblättern

sarsoṅ dā sāg *ist zweifelsohne die absolute Spezialität des Punjab! Bloß nicht verpassen!*

Curries mit Fleisch

kormā
hier wird Fleisch in Joghurt eingelegt und dann in einer braunen Sauce gekocht
roġan josh
ein rotes Curry mit Hammel- oder Lammfleisch (kommt eigentlich aus Kaschmir)
baltī gosht
ein Gericht aus dem Nordwesten Pakistans; bestehend aus Hammel- oder Lammfleisch und Gewürzen
cikan [chicken] **nizamī**
ein in Joghurt und Nüssen eingelegtes Huhn (gibt es auch als Lamm- oder Hammelfleisch)
cikan [chicken] **biryānī**
Hühnchenfleisch mit gewürztem Reis
maṭen [mutton] **biryānī**
Hammelfleisch mit gewürztem Reis

Bei cikan biryānī *wird gebratener Reis mit Hähnchen-, Hammel- oder Lammfleisch vermischt und mit Joghurt* (dahī) *gegessen.*

Außerdem ißt man diverse Dhalsorten. Hierbei handelt es sich um gekochte Hülsenfrüchte. Die wichtigsten Variationen im Punjab sind:

mūng dāl	Moong-Bohnen Dhal (gelb)
māsh(rā) dāl	Urad-Bohnen Dhal (schwarz)
cane dī dāl	Kichererbsen Dhal (hellbraun)
rājmā dāl	Kidney-Bohnen Dhal (rotbraun)

Auf Speisekarten findet man häufig dāl taṛkā *und* dāl fray [fry], *bzw. eine Dhal-Mischung mit Butter namens* dāl makhanī.

Die Moghulen hinterließen dem indischen Subkontinent außerdem eine Küche, die v. a. Fleisch in verschiedensten Arten brät oder grillt. Grundlegend ist hierbei der Tandoor (tandūr), eine Art Holzkohlenofen. Diese Küche nennt man Mughlai (muġlaī); sie ist speziell in Restaurants oder den allgegenwärtigen Garküchen (ḍhābā) zu haben.

Zu all diesen Gerichten bekommt man rohe Zwiebeln, Zitronen, in Chili eingelegte Limonen (acār) *und verschiedenste mehr oder weniger scharfe Chutneys* (caṭnī).

koftā	Hackfleischbällchen in Sauce
kabāb	Hammel- oder Lammfleischspießchen
tangṛī kabāb	Hühnerschenkel in Joghurt eingelegt
shāmī kabāb	Fleischkoteletts
sīch kabāb	gebratene Fleischspießchen
reshmī kabāb	Hühnerbrust in Gewürzen
celo kabāb	Fleischspießchen mit gebratenem Reis
murġ afġānī	Hühnerfleisch in Buttermilch eingelegt
tandūrī cikan [chicken]	Hähnchen im Tandoor-Ofen gebraten
cikan [chicken] **tīkkā**	scharfe Hähnchenteile
cikan [chicken] **makhanvālā**	Hähnchen in Butter

Kolonisation mal andersrum! Das köstliche Chicken Tikka ist weltweit ein Hit. In Großbritannien gilt es sogar als das beliebteste Gericht überhaupt.

Aber hier gibt es auch vegetarische Köstlichkeiten, wie harā bharā kabāb, gegrilltes grünes Gemüse am Spieß oder gegrillte Käsespießchen: panīr kabāb.

Zu Mughlai-Gerichten isst man statt roṭī auch oft tandūrī roṭī, rūmālī roṭī oder nān, die auch im Tandoor-Ofen zubereitet werden.

Auch Reisgerichte (cāval) gibt es, wenn auch nicht so häufig wie im Süden des Kontinents. Hierzu zählt zum Beispiel Pilau (pulāv), ein in Kochfett (ghī) gekochter gelber Reis, der gerne mit Kumin (zirā) gewürzt wird und dem Pistazien (pistā), Rosinen (kishmish), Mandeln (bādām) oder andere Zutaten beigefügt werden. navratan pulāv ist ein Gericht aus Reis und neun Gewürzen. raitā ist eine Sauce aus Joghurt und Gurken, die sich perfekt gegen die Schärfe des Essen eignet.

Vorsicht ist geboten, wenn man mit einheimischen Freunden essen geht! Sikhs und Moslems essen meistens Fleisch, während viele Hindus Vegetarier sind.

Snacks für Zwischendurch

ālū parāṭhā	mit Kartoffeln gefüllte Rotis
piāz dā parāṭhā	mit Zwiebeln gefüllte Rotis
methī parāṭhā	mit Gewürzen gefüllte Rotis
pudīnā parāṭhā	mit Minze gefüllte Rotis
samosā	mit Gemüse oder Fleisch gefüllte Teigtaschen
pakauṛe	in Kichererbsenteig frittiertes Gemüse
papaḍ	ein in Öl frittiertes hauchdünnes Brot
chole bhaṭūre	Kichererbsen mit aufgeblähtem Fladenbrot

Im Punjab gibt es zahllose Garküchen und Essensstände (dḥābā), die unendlich viele Köstlichkeiten für den Hunger zwischendurch verkaufen. Lassen Sie sich vom Äußeren dieser Stände nicht abschrecken.

ih kī hai?	**is vic kī āuvegā?**
dieser was ist	*dieser in was kommen-wird(m)*
Was ist das?	Aus was besteht es?

Fleisch

gosht	Fleisch
machlī (w)	Fisch
murġī (w), a: **cikan** [chicken]	Hähnchen
bheṛ, a: **gosht**	Lamm
peḍū, maṭan [mutton]	Hammel
gāy (w)	Rind, a: Kuh
bakrī (w)	Ziege

Gemüse

sabzī (w)	Gemüse
baingaṇ	Aubergine
gobhī (w)	Blumenkohl
bīns [beans]	grüne Bohnen
maṭar	Erbsen
gājar (w)	Karotte
ālū	Kartoffel
band gobhī (w)	Kohl
kaddū	Kürbis
dāl (w)	Linsen
bhinḍī (w)	Okra (Ladyfingers)
shimlā mirc	Paprika
khumbāñ (w)	Pilze
pālak	Spinat
ṭamāṭar	Tomate
piāz (w)	Zwiebel

Gewürze

masālā	Gewürz
hīng	Asafoetida
tulsī (w)	Basilikum
methī (w)	Bockshornklee
mirc (w)	Chili
adrak	Ingwer
ilāycī (w)	Kardamon

lahsun	Knoblauch
dhaniyā	Koriander
zīrā a: **jīrā**	Kumin
haldī (w)	Kurkuma (Gelbwurzel)
pudīnā	Minze
kesar	Safran
namak	Salz
sarhoñ (w)	Senf
imlī (w)	Tamarinde
dāl cīnī (w)	Zimt
shakar, a: **cīnī** (w)	Zucker

Asafoetida – wegen seines unangenehmen Geruchs, der beim Kochen verfliegt, auch „Teufelsdreck" genannt – gehört zu vegetarischen Gerichten unbedingt dazu!

Getränke

Das am meisten getrunkene Getränk des Subkontinents ist schwarzer Tee. Er wird meist mit Zucker (shakar) und Milch (dudhdh) aufgekocht und heißt dudhdh vālī cāh. Oft werden ihm auch noch Gewürze hinzugefügt, dann nennt man ihn masālā cāh. Im Nordwesten Pakistans sowie in Kaschmir wird meist grüner Tee (kahvah) getrunken. Zum Essen dagegen trinkt man Wasser, das in Restaurants nicht immer gefiltert oder aufgekocht ist (Vorsicht also!).

cāh (w)	schwarzer Tee
dudhdh vālī cāh (w)	Tee mit Milch
Milch Besitzerin(w) Tee(w)	
masālā cāh (w)	Tee mit Gewürzen
Gewürz(m) Tee(w)	(v. a. Ingwer und Kardamon)
kahvah (w)	grüner Tee ohne Milch

Die britische Teestunde zwischen 16 und 18 Uhr hat sich auch in Pakistan und Indien noch erhalten.

kofī [coffee] (w)	Kaffee (wird normalerweise immer mit Milch serviert)
shakar de bagair *Zucker von ohne*	ohne Zucker
shakar vālā *Zucker von ohne*	mit Zucker
dudhdh	Milch
pāṇī	Wasser
kharā pāṇī, shudh pāṇī	Mineralwasser (also kein Leitungswasser)
bisleri (Ind)	Mineralwasser (Flasche)
filter vāṭar [filter water]	gefiltertes Leitungswasser
soḍā [soda]	Sprudelwasser
sauft ḍrink [soft drink]	Limonade
pepsī	Cola
fruṭ jūs [fruit juice]	Fruchtsaft
sharbat (w)	selbstgemachte Limo
lassī (w)	Joghurtgetränk (meist vor dem Essen)

Vor allem an Bahnhöfen und an den Touristenattraktionen verkaufen Händler oft in Originalflaschen abgefülltes Leitungswasser, das man natürlich auf keinen Fall trinken sollte.

Lassi gibt es auch in verschiedenen Geschmacksrichtungen wie maiṅgo lassī *(Mangolassi) und* banānā lassī *(Bananenlassi). Natürlich gibt es auch ein großes Angebot an einheimischen Limonaden und Softdrinks wie* Thums Up *und* Limca *in Indien oder* Pak Cola *in Pakistan.*

Nachtisch

Der Punjab ist bekannt für seine leckeren Süßspeisen (miṭhiāī). Den besten Überblick verschafft man sich in einem der zahlreichen Süßspeisenläden (miṭhiāī dī dukān), von denen die meisten mehrere Dutzend verschiedenster Köstlichkeiten vorrätig haben. Kein Wunder, dass Übergewicht ein echtes Problem bei Punjabis ist.

laḍḍū	kleine piksüße, orangefarbene Teigbällchen – die typischste Süßspeise des Punjab!
rasgullā	zuckersüße Bällchen aus Milch oder Käse
gulāb jāmaṇ	auch kleine Bällchen aus Milch, aber mit Zuckersirup
khīr	eine Art Reispudding mit Rosinen (kishmish) und Cashew-Nüssen
(kājū) firnī, a: **phirnī**	süßer Milchreis
barfī	eine Milchdelikatesse, die an Marzipan erinnert
rasmalāī	eine Creme-Speise mit viel Sirup und dicker Milch
jalebī	eine in Öl herausgebratene, gelblich-orange Süßspeise
gajrelā	eine Süßspeise aus Karotten
halvā	ein Speise aus Linsen, Kichererbsenmehl, Reis, Grieß und Zucker
kaṛā	eine süße Masse aus Getreide und Ghee (Kochfett).
piñnī	kleine süße Bällchen aus Linsen- und Weizenmehl
kasṭaḍ [custard]	eine Vanillecreme, die etwa unserem Flan entspricht
kulfī	Eis, oft mit Pistazien (pistā)

Die bekannteste Verführung ist Laddoo. Ein Sprichwort sagt: laḍḍū khā, khush ho jā! *(Iss Laddoo und werde glücklich!).*

Bei den Sikhs ist kaṛā eine Opferspeise, die mit einem Gebet dem Göttlichen überreicht wird.

Wenn man nicht weiß was man bestellen soll, kann man den Ober fragen: tusīñ kī sifārish karoge? *(was würden Sie empfehlen?)* sifārish karnā *= empfehlen.*

iththe kihṛā khāṇā milegā?
hier welcher Essen(m) finden-wird(m)
Was haben Sie zu essen?

zarā menyū [menu] **dikhāuṇā!**
wenig Speisekarte(m) zeigen
Zeigen Sie uns bitte die Speisekarte!

kormā milegā?
Korma(m) finden-wird(m)
Haben Sie Korma?

kirpā mainūñ kormā te roṭī paroso!
Segen(w) mir Korma(m) und Roti(w) serviere-!
Bringen Sie mir bitte Korma und Roti!

sānūñ ikk pālak panīr ate ikk cikan [chicken] **biryānī cāhīde han!**
uns eins Spinat(w) Käse(m) und eins Hähnchen Biryani(w) wollend(m,Mz) sind
Wir möchten ein Palak Panir und ein Chicken Biryani!

bairā! zarā sāḍe vāste kharā pāṇī liāo!
Ober wenig unser für rein Wasser(m) bring-!
Herr Ober! Bringen Sie uns bitte Mineralwasser!

In vielen Lokalen bekommt man eine Rechnung, die man dann beim Chef an der Kasse zu bezahlen hat.

ih khāṇā bahut mazedār sī!
dieses Essen(m) sehr lecker war
Das Essen war hervorragend!

jī, bil [bill] **liāo!**
Seele(m), Rechnung(m) bring-!
Herr Ober! Die Rechnung bitte!

resṭoranṭ, a: **hoṭal**	Restaurant
khāṇā	essen
pīṇā	trinken
paise deṇā	bezahlen
mez (w)	Tisch
glās [glass]	Glas
pleṭ [plate] (w)	Teller
cacū, a: **curī** (w)	Messer
camcā, a: **spūn** [spoon]	Löffel
kānṭā	Gabel
ṭishyū [tissue]	Serviette
rākhdān	Aschenbecher
ṭūthpik [toothpick]	Zahnstocher
berā [bearer]	Kellner
ṭhanḍā	kalt
garam	warm, heiß
mīṭhā	süß
khaṭā	sauer
tīkhā	scharf
tāzā	frisch

siraf thoṛī mirc pāio!
nur wenig Chili(w) reintu-!
Machen Sie es nicht so scharf!

pepsī vic barf na pāio!
Cola in Eis(w) nicht reintu-!
Geben Sie kein Eis in mein Cola!

Gastfreundschaft zählt zu den wichtigsten Tugenden der Sikhs. Deshalb wurden in ihren Gebetshäusern (gurduārā) Großküchen angelegt, die für die Gläubigen kostenlose Gemeinschaftsessen (langar) zubereiten.

Auch Nicht-Sikhs sind bei diesen langar *immer herzlichst willkommen. Am eindrucksvollsten ist sicherlich der im Golden Tempel* (Harmandar Sāhib) *von Amritsar, an dem über tausend Personen teilnehmen.*

Kaufen & Handeln

Ob auf Märkten, in den Bazars oder in einigen Geschäften, in Hotels, bei Fahrzeugvermietungen oder mit Taxi- und Rikschafahrern – das Handeln ist üblich, und man sollte ruhig auch davon Gebrauch machen. Es ist eine alte Tradition und eine echte Kunst.

Man kann keine allgemein gültigen Regeln aufstellen, wie man sich beim Handeln zu verhalten hat oder wie viel Nachlass man verlangen kann.

Erstens sollte man nie die Geduld verlieren. Ein gutes Geschäft dauert unter Umständen einige Stunden, wenn nicht sogar Tage. Zweitens sollte man freundlich bleiben. Handeln ist ein Spiel, bei dem letztendlich beide Verhandlungspartner den besten gemeinsamen Nenner erzielen wollen. Fragen Sie ruhig zuerst nach dem Befinden des Verkäufers und plaudern Sie möglichst viel mit ihm auf Punjabi, damit er erkennt, dass Sie sich auskennen und nicht leicht „über den Tisch zu ziehen" sind. Drittens muss man nicht sofort beim Erstbesten kaufen. Es ist sinnvoll, sich umzuschauen und Preisvergleiche zu bekommen. Auch Weggehen hilft oft, und man wird vom Verkäufer zurückgerufen.

Gefällt einem etwas nicht und man möchte davon ein anderes sehen, sagt man zarā mainūñ koī hor dikhāo! *(Zeigen Sie mir bitte ein anderes!)*

maiñ ... kharīdṇā cāhuñdā/cāhuñdī hāñ!
ich ... kaufen wollen(m/w) bin
Ich (m/w) möchte ... kaufen.

zarā mainūñ ... dikhāo!
wenig mir ... zeigen-!
Zeigen Sie mir bitte ...!

dusre vī milange?
andere auch treffen-wird(m,Mz)
Gibt es auch andere?

ih mainūñ pasand āiā/nahīn.
dieser mir gefallend kam/nicht
Das gefällt mir (nicht).

usdī kī kīmat hai?
seine was Preis(w) ist
Wie viel kostet das (da)?

do sau rupaie.
2 100 Rupees(w, Mz)
200 Rupees.

are bāp! maiñ karoṛpati nahīñ hāñ!
hey Vater, ich Millionär nicht bin
Was?! Ich bin doch kein Millionär!

bhāī sāhib ih bahut mahingā hai! mainūñ cangī kīmat do!
Bruder(m) Herr(m) dieser sehr teuer ist! mir gut Preis(w) gib-!
Das ist sehr teuer Bruder, du musst mir einen guten Preis machen!

nahīñ jī, ih mahingā nahīñ, ih bahut sastā hai.
nicht Seele(m), dieser doch teuer(m) nicht dieser sehr billig(m) ist
Nein, das ist doch nicht teuer, das ist sehr billig!

calo ikk sau pañjāh lai lo!
geh-! eins hundert fünfzig nehmen(–) nimm-!
Hier, nimm 150!

Vor allem Rikschafahrer werden von Touristen oft hohe Preise verlangen. Sehen Sie das nicht als Bösartigkeit an, sondern zeigen Sie, dass Sie Bescheid wissen und handeln Sie, was das Zeug hält, ohne das Ganze zu ernst zu nehmen. Wenn Sie den Betrag, um den Sie streiten, in europäische Standards umrechnen, geht es meist um lächerliche Beträge.

Handeln ist mit Humor und „Theaterspielen" verbunden, so kann man Witze machen und sich originelle Gründe einfallen lassen, um etwas billiger zu bekommen.

cangā! ikk sau pañjāh de do!
gut! eins hundert fünfzig geben(–) gib-!
O. K., gib mir 150!

kī tusīñ kraiḍiṭ kārḍ [credit card] **laite ho?**
was Sie Kredit Karte(m) nehmen(m, Mz) sind
Akzeptieren Sie Kreditkarten?

kirpā karke isnūñ lapeṭ do!
Segen(w) machend dieser-zu einpacken(-) gib-!
Packen Sie mir das bitte ein!

Es ist interessant in welchen Situationen die Einheimischen nach einem Preisnachlaß fragen und man kann das ruhig nachmachen.

koī riāyat hai?
einige Nachlass(m) ist
Geben Sie einen Preisnachlass?

kharīdṇā	kaufen
kharīdārī karnā	shoppen
vecṇā	verkaufen
dekhṇā, a: **vekhṇā**	anschauen
dhūñḍṇā	suchen
dikhāuṇā, a: **vikhāuṇā**	zeigen
kīmat (w)	Preis
paise	Geld
mahingā – sastā	teuer – billig
ḍiskāunṭ [discount], a: **riāyat** (w)	Preisnachlass
bāzār	Markt
dukān (w)	Laden, Geschäft
dukāndār	Ladenbesitzer
vecaṇ vālā *verkaufen(g) Besitzer(m)*	Verkäufer

Maße & Gewichte

In Indien und Pakistan benutzt man gleichermaßen europäische und anglo-amerikanische Maß- und Gewichtseinheiten. Typisch einheimische Größen gibt es nur noch vereinfacht, und sie variieren sehr von Ort zu Ort. Als einzig wichtige sei hier der Tola erwähnt.

grām [gramme]	Gramm
tolā	Gewichtseinheit (1 Tola = 11,6 Gramm)
kilugrām [kilogramme]	Kilogramm
līṭar [litre]	Liter
iñc [inch]	Inch (1 Inch = 2,54 cm)
fīṭ [feet]	Feet (1 Foot = 0,30 m)
miṭar [metre]	Meter
kilumiṭar [kilometre]	Kilometer

Die Maßangaben sind sämtlich männlich.

Bei Mengenangaben sind auch die folgenden Wörter wichtig: gaṭṭ *(weniger)*, kāfī *(genug)*, ziādā *(mehr) und* bas! *(es reicht!).*

mainūñ vīh līṭar paiṭrol [petrol] **cāhīdā hai.**
mir zwanzig Liter Benzin(m) wollend(m) ist
Zwanzig Liter Benzin, bitte.

mainūñ ikk kilu(grām) seb cāhīdā hai.
mir eins Kilo Apfel(m) wollend
Ich möchte ein Kilo Äpfel.

asīñ ikk khare pānī vālī boṭal [bottle] **laivāñge.**
wir eins rein(g) Wasser Besitzerin Flasche(w) nehmen-werden(m, Mz)
Wir nehmen eine FlascheMineralwasser.

Speziell in Indien nennt man Mineralwasser auch nach der herstellenden Firma: Bisleri.

Waren

Schmuck

Zu kaufen gibt es eine Menge, z. B. Schmuck (zevrāt)*, den man in Indien sowohl nach Gewicht als auch gemäß der Verarbeitung bezahlt.*

lākeṭ [locket]	Anhänger, Medaillon
kangan, a: **dost bañd**	Armband
cūṛīāñ (w)	Armreif der Frauen
karā	Armreif der Sikhs
brūc [brooch]	Brosche
sonā – cāndī (w)	Gold – Silber
sone dā zevrāt	Goldschmuck
Gold(m)(g) von Schmuck(m)	
vāl pan	Haarklammer
Haar Klammer(m)	
gannī	Halskette
cain [chain]	Kette
tāmbā	Kupfer
nath (w)	Nasenring
vālīāñ (w)	Ohrring
angūthī (w)	Ring
pāzeb a: **bañjāibā**	Fußkette
ḍabā	Schmuckschatulle

Kleidung (kapṛe)

dhotī (w)	Dhoti (langes Lendentuch)
burkā	schwarze Gewänder der moslem. Frauen
iskārf [scarf], a: **dupaṭṭā**	Halstuch
dastāne	Handschuhe
kurtā, a: **kamīz** (w)	Hemd
painṭ [pants], a: **patlūn**	Hose
khādī (w)	handgewebte Baumwollkleidung

lungī (w)	Lungi (kurzes Lendentuch)
pathānī sūṭ [suit]	Pathani-Suit (Männer-Gewand)
pījāmā	Pyjama
cappal	Sandalen
sāṛī (w)	Sari
jūte	Schuhe
resham	Seide
shalvār kamīz (w)	traditionelles Gewand (Hemd u. Hose)
moze	Socken
rūmāl	Taschentuch
pagṛī (w)	Turban
koshish karnā *Anstrengung(w) machen*	anprobieren

Der Pyjama ist ein indisches Gewand aus Baumwolle oder Leinen, das tagsüber getragen wird. Die Briten haben diese Gewänder adaptiert und als Nachtgewand nach England gebracht. Saris sind die langen indischen Tücher, die auf komplizierte Weise gewickelt und von Frauen als Gewänder getragen werden.

Farben

harā, a: **sabaz**	grün	**chiṭṭā,** a: **safed**	weiß
pīlā	gelb	**nīlā**	blau
santarī	orange	**saletī**	grau
gulābī	rosa	**badāmī**	braun
lāl	rot	**kālā**	schwarz
gūṛā lāl	dunkelrot		

Nur die Wörter auf -ā *sind veränderlich und werden gebeugt. Alle anderen sind folglich unveränderlich.*

Kunsthandwerk und anderes

tasvīr (w)	Bild
mahindī (w)	Henna
lakṛī diyāñ cizāñ *Holz von(w) Sachen(w,Mz)*	Holzschnitzereien
cambīlī (w)	Jasmin
kājal	Kajal (Augenschminke)

ṭokrī (w)	Korb
hāth diyāñ baniyāñ cīzāñ	Kunsthandwerk
Hand(m) von machte(w) Sachen(w,Mz)	
sangmarmar dā sāmān	Marmorartikel
Marmor von Artikel(m)	
pītal dā sāmān	Messingartikel
Messing(m) von Artikel(m)	
vājā	Musikinstrument
but	Statue
cāedānī (w)	Teekanne
pyālī (w)	Teetasse
darī (w), a: **kālīn**	Teppich

Zum Abschluss noch ein paar wichtige Dinge, die Ihnen vielleicht fehlen:

alltägliche Helfer

shampū [shampoo]	Shampoo
sop [soap], a: **sābun**	Seife
ḍioḍorenṭ [deodorant]	Deo
ṭūthpesṭ [toothpaste]	Zahnpasta
ṭūthbrash [toothbrush]	Zahnbürste
san loshen [sun lotion]	Sonnencreme
baiṭrī [battery] (w)	Batterie
pen [pen]	Stift
peper [paper], a: **kāġzāt**	Papier
kanḍem [condom]	Kondom
rumāl, ṭishyū [tissue]	Taschentuch

Für all diejenigen, die jetzt restlos überfordert sind, der folgende Satz:

maiñ siraf vekh rihā/rahī hāñ!
ich nur schauen(–) blieb(m/w) bin
Ich (m/w) schaue nur etwas!

Auf dem Land

Das Wort Pañjāb kommt aus dem Persischen und heißt „fünf Wässer“ – also das Land, wo die fünf Ströme Jhelum, Chenab, Ravi, Beas und Satluj zusammenfließen und den Indus (Sindh) bilden. Dementsprechend fruchtbar und reich ist der Punjab an saftigen Tälern und grünen, landwirtschaftlich erschlossenen Gegenden. Hier befindet sich die Kornkammer des Subkontinents. Es ist daher nicht verwunderlich, dass die Ursprünge der Punjabi-Gesellschaft in der Landwirtschaft zu finden sind. In Indien und Pakistan unterscheidet sich das Leben in der Stadt grundlegend von dem auf dem Land. Während man sich in den Großstädten absichtlich weltoffen, mondän und fortschrittlich zeigt, ist die Landbevölkerung traditionalistisch und oft noch sehr religiös, dafür ist man aber offenherzig und großzügig.

Wenn Sie als Fremder in ein Dorf kommen, sollten Sie umgehend Kontakt mit den Einheimischen aufnehmen, um nicht als unerwünschter Eindringling zu gelten.

is pīṇḍ vic lok kī karde han?
diesem Dorf(m)[g] in Leute(m, Mz) was machen(m, Mz) sind
Was machen die Menschen in diesem Dorf?

asīñ tuhāḍe zindagī bāre kujh jaṇṇā cāhuñde hāñ.
wir Ihr Leben(w) über etwas wissen wollen(m, Mz) sind
Wir wollen etwas über euer Leben erfahren.

Die meisten Punjabis in den Städten halten immer noch engen Kontakt mit dem Dorf aus dem sie oder ihre Familien kamen und sie betonen diese Herkunft. Viele haben dort neben Verwandten auch noch Zweithäuser, in denen sie ihre Ferien verbringen.

khet	Bauernhof
darakhat	Baum
parbat, a: **pahāṛ**	Berg
phull	Blumen
pīṇḍ	Dorf
dariā	Fluss
ghāh	Gras
ṭīlā	Hügel
zamīn	Land
khetī vāḍḍī (w)	Landwirtschaft
garam cashmā	heiße Quellen
jhīl (w)	See
ghāṭī (w)	Tal
sīṛhīdār khet	Terrassenfelder
jangal [jungle]	Wald
jharnā, ābshār	Wasserfall
fasal kāṭṇā	ernten
Ernte(m) schneiden	
paude lagāuṇā, boṇā	pflanzen, setzen

tusīñ iththe kihṛe paude lagāuñde ho?
ihr hier welche Pflanzen(m,Mz) setzen(m,Mz) seid
Was bauen Sie hier an?

tuhāḍā parvār kiththoñ āiā?
Ihr Familie(m) wo-von kam(m)
Woher stammt Ihre Familie ab?

Die Dialekte der Landbevölkerung können teils sehr stark von der hier vorgestellten Variante des Punjabi, abweichen. Ob Bhattiani, Rathni, Ludhianvi, Doabi, Patialvi, Powadhi, Malvai, Multani, Putohari oder Hindko – man braucht etwas Zeit, um sich einzuhören.

maiñ tuhāḍī bolī nahīñ samajhdā/samajhdī!
ich euer(w) Sprache nicht verstehen(m/w)
Ich (m/w) verstehe Ihren Dialekt nicht!

Natürlich kann es da manchmal zu Missverständnissen kommen und dann sagt man am besten:

maiñ ih jāṇke nahīñ kītā!
ich dieser wissend nicht gemacht
Ich habe das nicht absichtlich gemacht!

Alternativ dazu kann man sagen:
mere kahiṇ dā ih matlab nahīñ sī!
(Ich wollte nichts falsches sagen!)

sanūñ is dī ādat/cūñgī nahīñ!
uns diesem von Gepflogenheit(w)/Tradition(w) nicht
Bei uns gibt es diese Regeln/Traditionen nicht so!

Wichtig ist auf dem Lande natürlich auch das Wetter.

bijlī dī camak (w)	Blitz und Donner
korā	Frost
asmān	Himmel
garmī (w)	Hitze
ruttāñ	Jahreszeiten
ṭhaṇḍ (w)	Kälte
pauṇ pāṇī	Klima
cañn	Mond
bārash, a: **varkhā** (w)	Regen
baraf	Schnee
sūraj	Sonne
tārā	Stern
haṛh	Überschwemmung
baddal	Wolke

ām-taur te barsāt kadoñ shurū hovegā?
gewöhnlich auf Monsun wann Beginn(m) sein(m) ist
Wann beginnt normalerweise die Regenzeit?

Fotografieren

Viele Inder und Pakistanis leben in unsagbarer Armut und sind sich dessen bewusst. Klar dass sie da nicht begeistert sind, wenn man diesen Anblick auch noch für die Ewigkeit festhält.

Der Punjab bietet wunderschöne Motive, die sicher jeden Fotografen faszinieren. Ob Landschaft oder Menschen, es gibt immer etwas zu "knipsen". Trotzdem sollte man nicht einfach Personen ablichten ohne vorher ihr Einverständnis zu bekommen.

kī maiñ iththe foṭo [photo] **khic sakdā/sakdī hāñ?**
was ich hier Foto(w) ziehen(-) können(m/w) bin
Entschuldigung, darf ich hier fotografieren?
(fragt Mann/Frau)

Der Islam verbietet es Menschen abzubilden, und Moslems können sehr böse werden, wenn man achtlos einfach drauflos "schießt". VieleEinheimische werden erst einwilligen, wenn Sie versprechen, ihnen später das Foto zu schicken.

kī maiñ tuhāḍī foṭo [photo] **khic sakdā/sakdī hāñ?**
was ich Ihr Foto(w) ziehen(-) können (m/w) bin
Entschuldigung, darf ich Sie fotografieren?
(fragt Mann/Frau)

maiñ tuhānūñ ih foṭo [photo] **bhejāngā/bhejangī.**
ich Ihnen dieses Foto(w) schicken-werde(m/w)
Ich werde Ihnen das Foto schicken.
(sagt Mann/Frau)

mainūñ tuhāḍe desh toñ ikk yādgār cāhīdī hai!
mir euer Land(m)[g] von eins Erinnerung(w) wollend(w) ist
Ich möchte nur eine Erinnerung an euer Land!

kī tusīṅ ih foṭo sīḍī [CD] **te barn** [burn] **kar sakde ho?**
was Sie diese Foto (w) CD auf Brennen machen(-) können (m, Mz) sind
Können Sie die Fotos auf CD brennen?

In Internetcafés kann man sich gewöhnlich Digitalfotos auf CD brennen lassen.

kī tusīṅ ih foṭo priṇṭ [print] **kar sakde ho?**
was Sie diese Foto (w) Ausdruck machen(-) können (m, Mz) sind
Können Sie die Fotos ausdrucken?

ih kadoṅ taiār hovegā?
dieser wann fertig sein-wird (m)
Wann kann ich sie abholen?

film [film] (w)	Film
rangīn film (w)	Farbfilm
slayḍ [film] **vālī film**	Diafilm
maimorī karḍ [memory card]	Speicherkarte
kaimrā [camera]	Kamera
viḍiyo [video]	Video
foṭo [photo] (w), a: **tasvīr** (w)	Foto
flaish [flash]	Blitz
lains [lens]	Linse
baiṭrī [battery] (w)	Batterie, Akku
foṭo/tasvīr laiṇa *Foto/Foto nehmen*	fotografieren
ḍivelap [develop] **karnā,** a: **prases** [process] **karnā**	Film entwickeln

Bank & Post

In Indien und Pakistan gibt es internationale Banken. Hier kann Geld gewechselt und mit Kreditkarten gezogen werden. Bankbeamte sprechen meist gut Englisch. Banken sind sonntags geschlossen. Die Währung in Pakistan und Indien heißt jeweils Rupee (rupaiā). Ein rupaiā sind 100 paise.

Vorsicht bei „ambulanten“ Geldwechslern! Falschgeld ist weit verbreitet und „Neulinge“ werden oft zu Opfern von Betrug.

maiñ paise badalṇā cāhuñdā hāñ.
mir Geld(m,Mz) wechseln wollen(m) bin
Ich möchte Geld wechseln.

mainūñ kraiḍiṭ karḍ [credit card] **toñ paise laiṇe hai.**
ich Kredit Karte[g] von Geld(m,Mz) nehmen ist
Ich möchte mit meiner Kreditkarte Geld ziehen.

kī maiñ iththe ṭraivalars cek [travellers' cheque] **toñ kaish** [cash] **karā sakdā/sakdī hāñ?**
was ich hier Reisender Schecks(m)[g] von Bargeld(m) machen-lassen(–) können(m/w) bin
Kann ich hier meine Reiseschecks einlösen? *(fragt Mann/Frau)*

ajj ḍolar dā reṭ [rate] **kiñnā hai?**
heute Dollar von Kurs(m) wieviel ist
Wie ist heute der Kurs des Dollars?

baink [bank]	Bank
caik [cheque]	Scheck
ṭraivalars caik [travellers' cheque], a: **ṭī sī** [TC]	Reisescheck
ay ṭī em [ATM]	Geldautomat
badalṇā	wechseln
kaish [cash] **karānā**	einlösen
paise, a: **paisā**	Geld
sikkā	Münze
noṭ [note]	Geldschein
ḍolar [dollar]	Dollar
yūro [Euro]	Euro
(i)svis [Swiss] **frānk**	Schweizer Franken

Post

mainūñ jarmanī [Germany] **de laī ṭikaṭ** [ticket] **cāhīdī hai.**
mir Deutschland(m) von für Briefmarke(w) wollend ist
Ich brauche eine Briefmarke für Deutschland.

maiñ ih ciṭhṭhī āsṭriyā [Austria] **bhejṇī hai.**
ich dieser Brief(w) Österreich schicken ist
Ich möchte diesen Brief nach Österreich schicken.

zarā ih havāī ḍāk toñ bhejnā.
wenig jene luftig Post(w)[g] von schicken
Bitte schicken Sie es mit Luftpost.

Das System der Postämter funktioniert, trotz der Größe der Länderrecht gut, wenn auch Wartezeiten oftmals in Kauf genommen werden müssen. Eine Alternative zu Postämtern bieten die großen Hotels.

Briefe nach Europa dauern etwa zwei Wochen, während Pakete schon mal bis zu drei Monaten unterwegs sein können. Wer ein Päckchen verschicken will, sollte sich an des Hauptpostamt GPO wenden.

ḍāk (w)	Post
ḍākkhānā	Postamt
jī pī o [GPO]	Hauptpostamt
ciṭhṭhī (Ind), a: **khat**	Brief
ṭikaṭ [ticket] (m, a: w), a: **(i)staimp** [stamp]	Briefmarke
eñvelap [envelope], a: **lifāfā**	Briefumschlag
pārsal [parcel]	Paket
posṭ karḍ [postcard]	Postkarte
patā	Adresse
rajisṭarḍ [registered]	per Einschreiben
havāī ḍāk (w)	Luftpost
ikspres ḍāk [express] (w)	Expresspost
bhejṇā	schicken

Telefon & Internet

In Indien und Pakistan ist das Telekommunikationsnetz staatlich. In allen Ortschaften gibt es private Büros von denen aus man Lokal-, National- und Ferngespräche führen kann. Mittlerweile ist die Abwicklung von internationalen Gesprächen geradezu problemlos. In vielen Orten gibt es auch Internetcafés, von denen aus man seine E-Mails abrufen und verschicken kann. Auch das WLAN ist in Indien auf dem Vormarsch!

maiñ ay es ḍī fonkaul [ISD phone call] **karnā hai**
ich ISD Telefonat(m) machen ist
Ich möchte ein Ferngespräch führen.

lāin [line] **ingejḍ** [engaged] **hai.**
Linie(m) besetzt ist
Es ist besetzt.

lāin [line] **kaṭ** [cut] **gaī.**
Linie(w) schneiden(–) ging(w)
Ich wurde unterbrochen.

fon [phone]	Telefon
fon karnā	telefonieren
fonkaul [phone call]	Telefonat
pī sī o [PCO], a: **lokal kaul** [local call]	Ortsgespräch
es ṭī ḍī [STD]	Ferngespräch (national)
ay es ḍī [ISD]	Ferngespräch (international)
āpereṭar [operator]	Telefonist
āñsering mashīn [answering machine]	Anrufbeantworter
nambar [number]	Nummer
koḍ [code]	Vorwahl
ḍāiraikṭrī [directory]	Telefonbuch
faiks [fax]	Fax
vāpaīs fonkaul [phone call]	R-Gespräch

pulas [police] (w)	Polizei
rājdūtāvās (Ind), a: **sifāratkhānā** (Pak), a: **embesī** [embassy]	Botschaft (dipl.)
afsar [officer]	Beamter
daftar	Büro
kasṭam [customs]	Zoll
pāsporṭ [passport]	Reisepass
pāsporṭ kā nambar [number]	Reisepassnummer
lāisaiñs [licence]	Führerschein
vīzā [visa]	Visum
shikāit (w)	Anzeige, Klage
vādhānā a: a: **iksṭainshan** [extension]	Verlängerung
dastkhat	Unterschrift

Krank sein

Das Gesundheitswesen in den Großstädten des Punjabs ist normalerweise recht gut. In allen größeren Orten gibt es Krankenhäuser oder zumindest Krankenstationen. Man unterscheidet zwischen vier verschiedenen Behandlungsmethoden. Da ist erstens die alte indische Medizin Ayurveda (āyurvedik), die man v. a. in Indien findet; zweitens die griechisch-islamische Medizin (yūnānī) in Pakistan; drittens die homöopathische Medizin (homiyopaithī) und letztendlich die orthodoxe westliche Schulmedizin (alopaithī).

Trotzdem ist es unangenehm, krank zu werden, und es ist deshalb ratsam, einige grundsätzliche Regeln einzuhalten, um solche Situationen zu vermeiden. Trinken Sie kein Leitungswasser und essen Sie kein ungewaschenes Obst und Gemüse.

Bei kleinen Verstimmungen kann man ruhig mal einen alternativen Arzt aufsuchen, und man wird staunen, was dieser für „Wunder" vollbringt.

maiñ bimār hāñ.
ich krank bin
Ich bin krank.

cangā ḍākṭar kiththe hai?
gut Arzt(m) wo ist
Wo gibt es einen guten Arzt?

mainūñ añgrezī bolaṇ vāle ḍākṭar [doctor] **dī loṛ hai.**
mir Englisch wissen(g) Besitzer(g) Arzt(m) von Notwendigkeit(w) ist
Ich brauche einen Arzt, der Englisch spricht.

Vor einer Behandlung sollte man nach den dikhāuṇ dī fīs *- oder gleich auf Englisch: consultation fees - also nach den Behandlungsgebühren fragen.*

haspatāl [hospital] **kiththe hai?**
Krankenhaus(m) wo ist
Wo ist ein Krankenhaus?

mainūñ iththe dard ho rihā hai!
mir hier Schmerz(m) sein(-) blieb(m) ist
Es tut mir hier weh!

merī bāñ	mein Arm
merī akhkh	mein Auge
mere ḍhiḍḍ	mein Bauch
merī latt	mein Bein
merī uñglī	mein Finger
mere pair	mein Fuß
mere gale	mein Hals

mere dil	mein Herz
mere goḍe	mein Knie
mere sir	mein Kopf
mere pūre sarīr	mein ganzer Körper
mein(m)(g) ganz(g) Körper(m)	
mere peṭ	mein Magen
mere kann	mein Ohr
merī pīṭhṭh	mein Rücken
mere dand	mein Zahn

... vic dard ho rihā hai.
...in Schmerz(m) sein(-) blieb(m) ist
... tut mir weh.

mainūñ daiyabītis [diabetes]/**damā hai.**
mir Diabetes(m) / Asthma(m) ist
Ich bin Diabetiker / Asthmatiker.

Wichtige Sprichwörter des Punjabi im Bezug auf die Gesundheit sind z.B.: sehat dī daulat hai! *(Gesundheit ist Reichtum!) und* sehat hazār nemat hai! *(Gesundheit ist wie tausend Gaben Gottes!).*

mainūñ ... toñ ailerjī [allergy] **hai.**
mir ...(g) von Allergie(w) ist
Ich bin gegen ... allergisch.

antibāyotik [antibiotics]	Antibiotika
penisilīn [penicillin]	Penicillin
zare gul	Pollen

mainūñ dast lagge han.
mir Durchfall(Mz, m) gefühlt sind
Ich habe Durchfall.

merī tabīat kharāb hai te mainūñ bukhār hai.
meine Gesundheit(w) schlecht ist und mir Fieber(m) ist
Mir geht's nicht gut und ich habe Fieber.

mainūñ zukām lagg giā hai.
mir Grippe(m) fühlen(-) ging(m) ist
Ich habe eine Grippe.

kirpā karke mainūñ ... laī davā do!
Segen(w) machend mir ... für Medikament(w) gib-!
Geben Sie mir bitte ein Mittel gegen ...

is-hāl a: **dast**	Durchfall
kabz	Verstopfung
badhazmī (w)	Magenverstimmung
bukhār	Fieber
zukām	Grippe
khāñsī (w)	Husten
sirdard	Kopfschmerzen
Kopf(m) in Schmerz(m)	
dhūpp toñ jalṇā	Sonnenbrand
Sonnenschein[g] von Brennen	
khall dī bīmārī	Hautkrankheit
Haut(w) von Krankheit(w)	
infaikshen [infection]	Infektion
peṭ vic kīṛe	Würmer
Bauch(m)[g] in Würmer	
jūāñ	Läuse

tabīat (w)	Gesundheit
bīmārī (w)	Krankheit
ḍākṭar [doctor]	Arzt
ḍenṭisṭ [dentist]	Zahnarzt
davā (w)	Medizin, Medikament
haspatāl [hospital]	Krankenhaus
nars [nurse] (w)	Krankenschwester

Viele Wörter des medizinischen Vokabulars sind aus dem Englischen entlehnt. Überhaupt wird man wenig Schwierigkeiten haben, einen englischsprachigen Arzt zu finden. Immerhin werden am Subkontinent Naturwissenschaften bis heute meist im Idiom der alten Kolonialherren unterrichtet.

Traditionell bezeichnet man den Zahnarzt als dandsāz *oder* dandāñ dā ḍākṭar, *heute wird aber der englische Begriff* dentist *vorgezogen.*

Speziell bei ayurvedischen Ärzten kann man sich auch zu verschiedenen Themen beraten lassen. Besonders aufschlussreich sind dabei die Informationen zur richtigen Ernährung.

sā laiṇā	atmen
dard	Schmerz
davā<u>kh</u>ānā	Apotheke
coṭ (w)	Wunde, Verwundung
nus<u>kh</u>ā	Rezept
aisprin [aspirin]	Aspirin
baiṇḍ eḍ [band aid]	Pflaster
khāñsi dī davā (w)	Hustensaft
dastāvar	Abführmittel

mere kol āpṇī sirinj [syringe] **hai.**
mein bei eigene Spritze(w) ist
Ich habe meine eigene Spritze dabei.

maiñ huṇ cangā mahisūs kar rihā hāñ!
ich jetzt gut gefühlt machen(-) blieb(m) bin
Ich fühle mich jetzt schon besser!

mainūñ āpṇe inshurens [insurance] **laī tafsīlāt vālī rasīd** [receipt] **cāhīdī hai.**
mir eigener Versicherung für Details(w,Mz) Besitzer(w) Rechnung(w) wollend ist
Ich möchte eine detaillierte Rechnung für meine Versicherung.

Toilette

Der Standard der Toiletten entspricht nicht immer dem, was wir gewöhnt sind. In den Hotels und teuren Restaurants gibt es meistens europäische Toiletten, ansonsten findet man auch Steh- und Hockklos, bei denen es kein Toilettenpapier gibt, sondern nur einen Schlauch Wasser oder einen Krug, um sich nach getaner Arbeit die Hände zu waschen.

Werfen Sie Toilettenpapier stets in einen Mülleimer und nicht einfach in den Abfluss, da dieser leicht verstopft!

ġusalkhānā kiththe hai?
Toilette(m) wo ist
Wo ist die Toilette?

ġusalkhānā, a: **peshābkhānā,** a: **ṭāylaṭ** [toilet]	Toilette
ṭāylaṭ pepar [toilet paper]	Toilettenpapier
taimpon [tampon]	Tampon
sainiṭerī naipkiñ [sanitary napkins]	Binde
naipī [nappy]	Windel

Eine gut funktionierende Verdauung ist das halbe Glück eines Punjabis. Trotzdem ist er ziemlich zurückhaltend im Gespräch darüber. Es werden neutrale Umschreibungen gefunden, bei denen die wichtigsten sind:

nambar van [number one]	„kleines Geschäft“
nambar ṭū [number two]	„großes Geschäft“

Schimpfen & Fluchen

In Situationen, in denen das Blut kocht und man wirklich schimpfen will, sollte man das besser auf Deutsch tun.

Als Tourist im Punjab sollte man jedem Streit aus dem Weg gehen. Zwar kann die Zahl der Missverständnisse groß sein, doch gibt es sicher bessere Möglichkeiten, diese zu beseitigen als durch Schimpfen. Grundsätzlich sind die Punjabis sehr freundlich und tolerant. Es gibt einen Ehrenkodex gegenüber Fremden, der beachtet wird und dem man ebenso einhalten sollte. Insgesamt schimpfen und fluchen die Einheimischen recht viel. Aber wie sieht das aus, wenn jetzt plötzlich auch die Ausländer damit anfangen? Außerdem sind die Flüche auf Punjabi verhältnismäßig hart und direkt. Die folgenden Beispiele spiegeln diesen Bereich der Sprache zwar wieder, sollten aber auf keinen Fall benutzt werden. Die meisten Schimpfwörter beziehen sich auf die Mutter oder Schwester des Angesprochenen.

Diese nebenstehenden Wörter werden übrigens auch häufig als Füllwörter - sog. takiyā kalām *("Kissenwörter") - verwendet, haben dann aber nicht ihre wortwörtliche Bedeutung. Etwa wie im Deutschen: "was für ein Scheißtag!"*

madar cod!
Mutter Ficker
Mutterficker!
(a: Scheiße!)

bhaiṇ cod!
Schwester Ficker
Schwesterficker!
(a: Scheiße!)

mā yāve!
Mutter Ficker
Mutterficker!
(zu Männern und Frauen)

mātā dī cūt!
Mutter von(w) Fotze
Fotze deiner Mutter!

gaṇḍu!	cūtīā!	laṇḍ!
Arsch	*Fotze*	*Schwanz*
Arschloch!	Fotze!	Wichser!

Geradezu „harmlos“ sind dagegen Worte wie:

gadhā!	kuttā!	harāmi!
Esel	*Hund*	*Dieb*
Idiot!	Trottel!	Halsabschneider!

tūñ ikk vaḍḍā gadhā haiñ!
du eins groß(m) Esel bist
Du bist ein echter Vollidiot!

gussā na karo!
Ärger(m) nicht mach-!
Regen Sie sich nicht auf!

shānti shānti!
Friede(w) Friede(w)
Beruhigen Sie sich!

Sollte man Sie beschimpfen, versuchen Sie dem Streit aus dem Weg zu gehen und gegebenenfalls Ihren Gegenüber zur Raison zu rufen.

Literaturhinweise

Wer sich noch näher mit Punjabi befassen möchte, dem empfehle ich folgende Bücher.

Die folgenden Bücher/Schriften sind nicht über den Reise Know-How Verlag erhältlich.

Als weiterführendes Lehrwerk ist das auf Englisch bei *Teach Yourself* erschienene Lehrwerk **Panjabi** von *Surjit Singh Kalra* und *Navtej Kaur Purewal* äußerst geeignet.

Zwar alt, aber ebenso gut, dafür jedoch schwerer zu bekommen sind **A Guide To Punjabi** von *Jawahir Singh,* **An Intensive Course in Punjabi** *von Motia Bhatia,* **Introductory Course in Spoken Punjabi** *von Ujjal Singh Bahri* und der Anfängerkurs **Everyday Punjabi** von *Nasibpal Kaur,* der in manchen deutschen Universitätsbibliotheken aufliegt.

In Indien bekommt man für ein paar Rupees solch vielversprechende Titel wie **Learn Punjabi in 30 Days** von der *National Integration Language Series* oder **Punjabi Self-Taught** von *Dasgupta Prakashan.*

An Wörterbüchern kann ich nur das Standardwerk **Punjabi-English; English-Punjabi** von *K. K. Goswami,* bei *Hippocrene Books Inc.,* in New York erschienen, empfehlen. Allerdings wird hier die Beherrschung der Schrift vorausgesetzt.

Kauderwelsch-Sprechführer

Leute kennen lernen und einfach loslegen: Sprechen

«Wort-für-Wort»
Einen ersten Einblick in die Sprache gewinnen, um die wichtigsten Situationen meistern zu können.

«Slang»:
Die authentische Umgangssprache kennen lernen.

«Dialekt»:
heimische Mundarten von Platt bis Bairisch, von Wienerisch bis Schwiizertüütsch.

«Deutsch für Ausländer»:
Das einfache Kauderwelsch-System auch für unsere Gäste.

«AusspracheTrainer» auf Audio-CD
gibt es zu vielen Sprachführern. Sie werden die „Begleitkassetten" in den nächsten Jahren ablösen.

«Kauderwelsch DIGITAL»
Komplett digitalisierte Kauderwelsch-Bände zum Lernen am PC. Alle fremdsprachlichen Wörter werden auf Mausklick vorgesprochen, Bonus auf der CD-ROM: der AusspracheTrainer – auch für Ihr Audioabspielgerät.

Über 220 Bände, mehr als 130 Sprachen
Eine Übersicht über alle Kauderwelsch-Produkte finden Sie unter
www.reise-know-how.de

Mutter mātā (w) (Ind), a: bībī (w)

N

nach (Richtung) nūñ, a: tak
nach (Zeit) de bād
Nachbar gavāṇḍī
nachdenken socṇā
Nachmittag dupahir de bād
Nachricht khabar
nächster aglā
Nacht rāt (w)
nah naṛhe (Ind), a: karīb, a: nazdīk
Name nām
Natur kudrat (w), a: fitrat (w)
natürlich! zarūr!
neben nāl, a: karīb
nehmen laiṇā
nein nahīñ
neu navā
nicht nahīñ
nichts kujh nahīñ
niedrig (kurz) choṭā
niemals kadoñ nahīñ
niemand koī nahīñ
noch einmal hor ikk vār(ī)
Norden uttar (Ind), a: shimāl
nötig zarūrī
notwendig loṛīḍā
Nummer nambar [number]

nur keval, a: siraf

O

ob agar, a: je
oben uppar
Obst phal
oder jāñ
öffnen khullṇā
oft aksar
ohne de binā (Ind), a: de bağair
Öl (Erd-), a: Benzin paiṭrol [petrol]
Öl (Speise-) tel
Onkel (väterl.) cācā
Onkel (mütterl.) māmā
organisieren jatheband karnā
Ort (Platz) jagāh (w)
Osten pūrab (Ind), a: mashrik
Österreich āsṭriyā [Austria]
Österreicher āsṭriyan [Austrian]

P

paar, ein kujh
Paar joṛā
Päckchen pārsil [parcel]
Paket paikiṭ [packet]
Palast mahhal
Papier kāğaz
Park maidān
Pass pāsporṭ [passport]
Persien īrān, a: mulk-e fars (Pak)
Person ādmī, a: insān
Plan maksad, a: skīm [scheme]
Platz jagāh (w)
Politik rājnītī, a: siāsat (w)
Polizei pulīs [police] (w)
Post ḍāk (w)
Postamt ḍākkhānā
Postkarte posṭkārḍ
Preis kīmat (w)
Problem mushkil (w)
Programm yojnā (w), a: progrām [program]

Q / R

Quittung bil [bill]
Radiogerät reḍiyo [radio]
rauchen sigreṭ pīṇā
Raum kamrā
Rechnung bil [bill]
Recht kānūn, a: hakk
rechts sajje
reden gall karnā
Regen bārash (w)
Regenschirm, chatrī (w)
regnen, es regnet bārash ho rahī hai
reich amīr
Religion dharm (Ind), a: mazhab (Pak)
Reise safar

reisen safar karnā
Reisepass pāsporṭ [passport]
Reiseschecks ṭraivalars cek [travellers' cheque]
reparieren ṭhīk karnā
reservieren buking [booking] karnā
Restaurant restoranṭ
richtig sacc
Richtung taraf (w)
Ruhe ārām
ruhig cupp

S

Sache cīz (w)
sagen dassṇā, a: kahinhā
Salz namak
sammeln jurṇā
sauber sāf
sauber machen sāf karnā
sauer (Geschmack) khaṭṭā
Schallplatte, a: **CD** ḍisk
scharf tikhā
Schatten prachāvā, a: chā
schicken, senden bhejṇā
Schiff pot
schlafen soṇā
Schlafzimmer soṇ vāla kamrā
schlagen mārṇā
schlecht kharāb, a: bad
schließen band karnā
Schlüssel tālī (w), a: cābī (w)
schmackhaft mazedār
Schmerz dard
schmutzig gandā
schneiden kāṭṇā
schnell jaldī
Schokolade cākleṭ [chocolate]
schön sohṇā, a: sundar, a: khūbsūrat
Schrank almārī (w)
schreiben likṇhā
Schuh juttī (w)
Schule (i)skūl [school]
schwach kamzor
schweigen kujh na kahiṇā
Schweiz isviṭzarlaiṇḍ [Switzerland]
Schweizer(in) isvis [swiss]
schwer (nicht leicht) bhārī
Schwester bhaiṇ (w)
schwierig aukhā
schwimmen tarṇā
See, der jhīl (w)
See, die samundar
sehen dekhṇā, a: vekhṇā
Seide rasham
Seife sāban
sein hoṇā
seit is vakat toñ
Seite (Richtung) taraf (w)
Sekunde sekenḍ [second]
selbst khūd
ich selbst maiñ khūd
selbstverständlich! zarūr!
setzen, sich baiṭhṇā (it)
sie uh (Ez. & Mz.)
Sie tusīñ
Silber candī (w)
singen gāuṇā
sitzen baiṭhṇā (it)
sogar balki, a: hī
Sohn puttar
sollen nūñ cāhīdā hai
Sonne sūraj
spät der
(zu) spät der toñ
Speise khāṇā
Speisekarte menyū
Spiel khel
spielen khedṇā
Sport (i)sporṭ [sports]
Sprache bolī (w), a: bhāshā (w) (Ind), a: zabān (w) (Pak)
sprechen bolṇā
Spritze sirinj [syringe] (w)
Staat desh (Ind), mulk
Staatsangehörigkeit nāgarikdā, a: kaumīat (w)
Stadt shahir
stehlen corī karnā
Stein paththar
Stelle, Ort jagāh (w)

sterben marṇā (it)
Stift pen [pen]
Stimme āvāz (w)
Stoff kapṛā
Straße saṛak (w), a: galī (w), a: marg
Streichhölzer mācis [matches] (w)
Strom bijlī
Student vidiārthī (Ind), a: tālib-e 'ilm (Pak)
Stunde ghaṇṭā
suchen labhṇā
Süden dakkhaṇ (Ind), a: janūb
süß miṭhā

T

Tabak tambākū (w)
Tag din
täglich har din, a: roz
Tal ghāṭī (w)
Tankstelle paiṭrol pamp [petrol pump]
Tante (mütterl.) māmī (w)
Tante (väterl.) cācī (w)
tanzen naccṇā (it)
Tasche baig [bag], a: pars [purse]
tatsächlich aslī
Taxi ṭaiksī (w)
Tee cāh (w)
Telefon fon [phone]
telefonieren fon karnā
teuer mahingā
Teufel shaitān
Theater thiyeṭar
Tier jānvar
Tochter tī (w), a: kuṛī (w)
Tod maut (w)
Toilette ġusalkhānā, a: peshābkhānā, a: ṭāylaṭ [toilet]
Toilettenpapier ṭāyleṭ pepar [toilet paper]
töten mārṇā
Tourist sailānī, a: ṭūrisṭ, a: musāfir
Tradition rasm ate rivāj
traurig dukhī
treffen (mit), sich toñ milnhā
trinken pīṇā
Trinkgeld bakhshīsh
tschüss! rabb rakhā
tun karnā
Tür darvāzā
Turm mīnār (w)
Tüte baig [bag]

U

über (örtl.) de uppar
überall har jagāh vic
übermorgen parsoñ
übersetzen anuvād karnā (Ind)
Übersetzer anuvād karan vālā
Übung abhiās (Ind), a: mashk (w)
Uhr ghaṛī (w)
um zu… tāki
umtauschen badalṇā, a: tabdīl karnā
Umwelt māhaul
unbekannt patā nahīñ
und ate, a: te
Unfall duraghaṭnā, a: hādsā
ungefähr lagbhagg
Universität yunivarsiṭī [university] (w)
unmöglich nahīñ ho sakdā
unten thalle
unter de thalle
unterrichten (lehren) sikhkhāṇā
unterschreiben dastkhat karnā
Unterschrift dastkhat
Urlaub chuṭṭīāñ (w)

V

Vater pitā (Ind), a: pio, a: vālid
Ventilator pankhā, a: fen [fan]
Verabredung milṇā a: mel
verboten manā
vergessen bhullṇā (it)
verkaufen vecṇā
verlassen cale jāṇā
verletzt zakhmī
Verletzung coṭ (w), a: zakhm

verlieren (Dinge) kholnhā
vermieten kirāie te deṇā
verrückt pāgal
Versicherung bīmā, a: inshureñs [insurance]
verspäten, sich der karnā
Verspätung der (w)
verstehen samajhṇā
versuchen koshish karnā
viel bahut
vielleicht shāid, a: khabre
Vogel parindā
Volk kaum
voll full [full]
von toñ
von (Besitz) dā
vor (Ort) de sāhmaṇe
vor (Zeit) de pahile
vorbereiten taiār karnā
vorgestern parsoñ
vorher toñ pahile
Vormittag dupahir toñ pahile
Vorname pahilā nām
Vorwahlnummer eriā kod [area code]

W

Wagen gaḍḍī (w)
wahr sacc
Wand kandh (w)
wann kadoñ
warm garam
warten uḍīkṇā
warum kiuñ
was kī
waschen dhoṇā, a: sāf karnā
Wasser pāṇī
wechseln badalṇā
wecken jagāṇā
Weg rāstā
wegen de laī
weggehen jāṇā (it)
weil kiunki
weiß ciṭṭā, a: safed
weiß (Haut) gorā
weit dūr
welcher kihṛā
wenig thoṛā159

wenn (als) jadoñ
wenn (falls) agar, a: je
wer kauṇ
werden ho jāṇā (it)
Westen pachcham (Ind), a: maghrib (Pak)
Wetter mausam
wichtig mahattvapūran
wie kiveñ
wieder dubārā
wieviel kiñṇā
Wind havā (w)
wir asīñ
wirklich?! acchā
wissen jāṇnā
wo kiththe
Woche haftā
woher kiththoñ
wohin kiththe
wohnen rahiṇā (it)
wollen cāhuṇā
Wort shabd, a: lafz (Pak)
Wunde zakhm (w)

Z

zahlen paise deṇā
Zahnarzt ḍenṭisṭ [dentist], a: dandāñ dā ḍākṭar
Zahnbürste ṭūth brash [toothbrush]
zeigen vikhāuṇā, a: dikhāuṇā
Zeit vakat
Zeitung samācār pattar (Ind), a: akhbār
Zelt tambhū
Zentrum (Stadt-) mārkāṭ [market]
Zigarette sigreṭ a: bīṛī
Zimmer kamrā
Zoll kasṭam [customs]
zu Fuß paidal
zufrieden khush
Zug relgaḍḍī (w), a: ṭren [train] (w)
zusammen ikaṭhthe a: nāl
zweifellos shakk de baġair
zwischen vic

Wörterliste Punjabi – Deutsch

A

abhiās (Ind) Übung
adhdhā Hälfte
adhiāpak Lehrer
ādmī Mann, Person
afgānistān Afghanistan
agar ob, wenn (falls)
agg (w) Brand, Feuer
āgia deṇā erlauben
aglā nächster
āi ḍi karḍ [ID card] Ausweis
ainak Brille
āiskrīm [icecream] (w) Eis (Speise-)
ajīb fremd, merkwürdig
ajj heute
akhbār Zeitung
akhīr Ende
ākhirī letzter
aksar oft
allāh Gott
almārī (w) Schrank
āmad (w) Ankunft
amīr reich
anḍā Ei
andar Eingang
andar jāṇā eintreten
angrez Engländer
angrezī englisch
āṇā kommen
ant Ende
anuvād karan vālā (Ind) Übersetzer
anuvād karnā (Ind) übersetzen
ārām Ruhe
arām karnā sich ausruhen, sich erholen
ārāmdāik gemütlich
arḍar [order] **deṇā** bestellen
arth Bedeutung
asīṅ wir
aslī tatsächlich
asmān Himmel
āsṭriyā [Austria] Österreich
āsṭriyan [Austrian] Österreicher
ate und
aukhā kompliziert, schwierig
aurat (w) Frau
āvāz (w) Stimme
azād frei
azādī (w) Freiheit

B

baccā Kind
bad schlecht
badalṇā umtauschen, wechseln
bagīcā (Pak) Garten
bāhar außen
bāhar jāṇ dā rastā Ausgang
bāhroṅ ausländisch
bahut viel
bahut muddat (toṅ) lange Zeit
baig [bag] Koffer, Tasche, Tüte
baink [bank] Bank
baiṭhṇā (it) sich setzen, sitzen
baitrī [battery] (w) Batterie
bakhshīsh Trinkgeld
balki sogar
banāṇā bauen, machen,
band geschlossen
band karnā schließen
bārash (w) Regen
bārash ho rahī hai regnen, es regnet
barf dī ṭukṛī (w) Eiswürfel
bārī (w) Fenster
bas [bus] (w) Bus
bas! genug!
bāt (w) Gespräch
bāt karnā reden
bāzār Markt, Bazar
bībī (w) Mutter
bihtar besser
bijlī Strom
bil [bill] Rechnung, Quittung

bilkul ganz
bīmā Versicherung
bīmār krank
bīmārī (w) Krankheit
bīṛī (w) Zigarette
bolī (w) Sprache
bolṇā sprechen
boṭal a: **botal** [bottle] (w) Flasche
būḍhḍhā alt (Personen)
bukhār Fieber
buking [booking] **karnā** reservieren

BH

bhagvān (Ind) Gott
bhāī Bruder
bhaiṇ (w) Schwester
bhalak, bhalke morgen
bharā Bruder
bhārat (Ind) Indien
bhārī schwer (n. leicht)
bhāshā (w) (Ind) Sprache
bhavan Gebäude
bhejṇā schicken, senden
bheṛī Boot
bhojan Essen
bhukhkh (w) Hunger
bhullṇā (it) vergessen

C

cābī (w) Schlüssel
cācā Onkel (väterl.)
cācī (w) Tante (väterl.)
cādar Bettzeug
cāh (w) Tee
cāhuṇā wollen
cākleṭ [chocolate] Schokolade
cākū Messer
cale jāṇā verlassen
calṇā (it) abfahren, fahren,
calo! los!
candī (w) Silber
cangā gut
carṇā einsteigen
cir lange Zeit
ciththī (w) (Ind) Brief
cittā weiß
cīz (w) Ding, Sache
cor Dieb
corī (w) Diebstahl
corī karnā stehlen
coṭ (w) Verletzung
cūhā Maus
cumat klug
cuñsī (w) Kuss
cuñsī deṇā a: **cuñsī laiṇā** küssen
cupp ruhig
cusat klug

CH

chā Schatten
chaḍḍṇā lassen
chatrī (w) Regenschirm
choṭā klein, kurz, niedrig
chuṭṭīāñ (w) Ferien, Urlaub

D / Ḍ

dā von (Besitz)
dādā Großvater (väterl.)
dādī (w) Großmutter (väterl.)
daftar Abteilung, Büro
ḍāk (w) Post
ḍākkhānā Postamt
dakkhaṇ (Ind) Süden
ḍākṭar Arzt
dandāñ dā ḍākṭar Zahnarzt
ḍar laggṇā ängstlich sein, sich fürchten (vor)
dard Schmerz
dāṛī Bart
dariā Fluss
darkhat Baum
ḍarṇā (w) Angst
darvāzā Tür
dassṇā (w) erklären, sagen
dast Durchfall
dastkhat Unterschrift

dastkhat karnā unterschreiben
davā (w) Medikament
davāī ghar (Ind) Apotheke
davākhānā Apotheke
de bād danach, nach (Zeit)
de bagair ohne
de binā (Ind) ohne
de hiruddh (w) gegen
de khilāf gegen
de kol bei
de kol honā haben
de laī damit, für, wegen
de nāl mit
de pahile vor (Zeit)
de pichche dahinter, hinter
de sāhmaṇe vor (Ort)
de thalle unter
de uppar über, auf (örtl.)
dehāt Land (nicht Stadt)
dekhṇā anschauen, besichtigen, sehen
deṇā geben
ḍenṭisṭ [dentist] Zahnarzt
der (zu) spät
der (w) Verspätung
der karnā sich verspäten
der toñ (zu) spät
desh (Ind) Land (Staat)
dev (Ind) Gott
dī loṛ hoṇā brauchen
dī zarūrat hoṇā brauchen
dikhāuṇā zeigen
dilcasp interessant
dilcaspī laiṇā sich interessieren
din Tag
ḍisk Schallplatte, a: CD
ḍivelap karnā [develop] entwickeln (Film)
dost Freund
ḍrāivar [driver] Chauffeur
dubārā wieder
dudhdh Milch
dukān (w) Geschäft, Laden
dukāndār Chef
dukhī traurig
dupahir Mittag
dupahir dā khāṇā Mittagessen
dupahir de bād Nachmittag
dupahir toñ pahile Vormittag
dūr fern, lang (Entfernung), weit
duraghaṭnā Unfall
dusrā andere

DH / ḌH

dhaññvād danke
dharm (Ind) Religion
dhoṇā waschen

E

embesī [embassy] Botschaft (dipl.)
eriā kod [area code] Vorwahlnummer

F

fen [fan] Ventilator
film (w) Film
fitrat (w) Natur
fon [phone] Telefon
fon karnā telefonieren
foṭo [photo] Foto
foṭo khicṇā fotografieren
frij [fridge] Kühlschrank
full [full] voll

G

gaḍḍī (w) Auto, Wagen
ġalat falsch
galī (w) Straße
gall (w) Gespräch
gall karnā reden
gāñ (w) Kuh
gandā schmutzig
gāṇā Lied
garam heiß, warm
ġarīb arm
gāuṇā singen
gavāṇḍī Nachbar
gāz Gas
gilā Beschwerde
gila karnā beschwe-

ren, sich
glās [glass] (Trink-)Glas
gorā weiß (Haut)
gosht Fleisch
ġusalkhānā Toilette, Badezimmer

GH

ghāh Gras
ghalat falsch
ghanṭā Stunde
ghar Haus
ghaṛī (w) Uhr
gharvālā Ehemann
gharvālī Ehefrau
ghāṭī (w) Tal

H

hādsā Unfall
haftā Woche
hakk Gesetz, Recht
halkā leicht (Gewicht)
hameshā immer
hāñ jī ja
hañsṇā lachen
har jeder
har din täglich
har jagāh vic überall
har vārī jedesmal
haspatāl [hospital] Krankenhaus
hathth Hand
haulī langsam
havā (w) Luft, Wind
havāī aḍḍā Flughafen
havāī jahāz Flugzeug
hī sogar
himān Flugzeug
hindustān Indien
ho jāṇā (it) werden
hoṇā sein
hoṇhaṛ möglich
hoor ikk vār(ī) sein
hoṭal [hotel] Hotel
huṇ jetzt

I

idhdhar ā! komm her!
ih er, sie (Ez), sie (Mz)
ihsās Gefühl
ikallā allein
ihaṭhthe zusammen
ikk einer
ikk vārī noch einmal
imārat (w) Gebäude
indyā [India] Indien
iñjikshan lagāuṇā [injection] impfen gegen
iñjīnīr [engineer] Ingenieur
insān Mensch, Person
inshureñs [insurance] Versicherung
īrān Persien
is laī darum, deshalb
is thalle unten
is vakat toñ seit
ishk Liebe
ishnān ghar (Ind) Badezimmer
iskūl [school] Schule
islām Islam
isporṭ [sports] Sport
isṭāp [stop] Haltestelle
isṭeshan [station] Bahnhof
iththe hier
itihās (w) Geschichte (Hist.)

J

jadoñ als (zeitl.), wenn (als)
jaghā (w) Ort, Platz, Stelle,
jagāṇā wecken
jahān jung
jaldī bald, schnell
jalṇā (it) brennen
jāñ oder
jāṇā (it) abfahren, gehen, weggehen
janam din Geburtstag
jang (w) Krieg
jāṇnā kennen lernen (jmd.), wissen
janūb Süden
jānvar Tier
jarman [German] deutsch; Deutsche(r)
jarmanī [Germany] Deutschland
jarnalisṭ [journalist] Journalist
jatheband karnā organisieren
javāb Antwort

jāvab deṇā antworten
je ob, wenn (falls)
jel [jail] (w) Gefängnis
jhīl (w) See, der
jhūṭh bolaṇvālā Lügner
jhūṭh bolṇā lügen
jī Herr
jīṇā leben (physisch)
jittṇā gewinnen
jīvan gewinnen
joṛā Paar
juṛnā sammeln
jūttī Schuh

K

kadī kadī manchmal
kadoñ wann
kadoñ nahīñ niemals
kāğaz Blatt, Papier
kahāṇī (w) Geschichte (Erzähl.)
kahiṇā erklären, sagen
kaimrā [camera] Fotoapparat
kaisaṭ taib [casette tape] Kassette
kaish [cash] Bargeld
kallh gestern; morgen
kamm Arbeit, Beruf
kamm karnā arbeiten
kampanī [company] (w) Firma, Gesellschaft
kamrā Raum, Zimmer
kamzor schwach
kandh (w) Wand
kāṇṭā Gabel
kanūn Gesetz, Recht
kañvārā ledig
kapṛā Stoff
kapṛe Kleidung
karamcārī Angestellter
kārḍ [card] Karte
karīb nah, neben
kāṛīgar Arbeiter
kār<u>kh</u>ānā Fabrik, Autowerkstatt
karnā machen, tun
kasṭam [customs] Zoll
kāṭṇā schneiden
kaum Volk
kaumīat (w) Staatsangehörigkeit
kauṇ wer
kavāid Grammatik
ke dass
keval nur
kī was
kihṛā welcher
kilhā Burg
kīmat (w) Preis
kiññā wieviel
kirāiā Fahrpreis, Gebühr, Miete
kirāie te deṇā vermieten
kirāie te laiṇā mieten
kirpā karke (Ind) bitte
kisān Bauer
kismat (w) Glück
kitāb (w) Buch
kiththe wo, wohin
kiththoñ woher
kiuñ warum
kiunki weil
kiveñ wie
kofī [coffee] (w) Kaffee
koī einige, irgend(wer/-was), jemand
koī nahīñ niemand
koshish karnā versuchen
kudrat (w) Natur
kujh einige, etwas, ein paar
kujh na kahiṇā schweigen
kujh nahīñ nichts
kuṛī (w) Mädchen, Tochter
kuttā Hund

KH / <u>KH</u>

khabbe links
<u>kh</u>abar Nachricht
<u>kh</u>abre vielleicht
<u>kh</u>ālī leer
khāṇā essen; Essen; Speise
khandān Familie
<u>kh</u>arāb kaputt, schlecht
<u>kh</u>arīdṇā kaufen
<u>kh</u>at Brief
<u>kh</u>atam karnā aufhören, beenden
<u>kh</u>aṭarnāk gefährlich
<u>kh</u>aṭrā Gefahr
khaṭṭā sauer (Geschmack)

khedṇā spielen
khel Spiel
khet Feld (Acker)
khetī vāḍḍī (w) Landwirtschaft
khiṛkī (w) Fenster
kholṇā verlieren (Dinge)
khūbsūrat hübsch (Personen), schön
khūd selbst
khudā Gott
khullṇā öffnen
khush fröhlich, glücklich, zufrieden
khuh hoṇā sich freuen

L

labhṇā suchen
lafz (Pak) Wort
lagbhagg fast, ungefähr
laggṇā fühlen, sich
laimp [lamp] Lampe
laiṇā holen, nehmen
lāisens [licence] Führerschein
lāit [light] Licht
lakkṛī (w) Holz
lambā lang (nicht kurz)
lāṇā (it) bringen
lāñgrī Koch
likṇhā schreiben
lok Leute
loṛīdā notwendig

M

machchī Fisch
mācis [matches] (w) Streichhölzer
maddad (w) Hilfe
maddad karnā helfen
māf kar do! Entschuldigung!
maghrib (Pak) Westen
mahattvapūran wichtig
māhaul Umwelt
mahhal Palast
mahīnā Monat
mahingā teuer
maidān Park
maiñ ich
maiñ khūd ich selbst
makainik Mechaniker
maksad Plan
mālak Besitzer
māmā Onkel (mütterl.)
māmī (w) Tante (mütterl.)
manā verboten
mandī (w) Markt, Bazar
mañjā Bett
mannṇā einverstanden sein
marg Straße
mārkāṭ [market] Zentrum (Stadt-)
mārṇā schlagen, töten
marṇā (it) sterben
mās Fleisch
mashk (w) Übung
mashrik Osten
masjid (w) Moschee
maslan Beispiel, zum
mātā (w) (Ind) Mutter
mātā pitā Eltern
maththā langsam
matlab Bedeutung, das heißt
mausam Jahreszeit, Wetter
maut (w) Tod
mazedār schmackhaft
mazhab (Pak) Religion
mehmān Gast
mehmāndārī (w) Gastfreundschaft
mel Verabredung
melā Feier
(mela) manāunā feiern
menyū Speisekarte
mihrbānī danke
mihrbānī karke bitte
mil jāṇā empfangen
milṇā (it) sich bekanntmachen, Besuch, besuchen, erhalten, finden, Verabredung
mīnār (w) Turm
minaṭ [minute] Minute
mīṭhā süß
miṭṇā beenden
moṛṇā drehen
moṭā dick
moṭar Motor
moṭarsāikil [motorcycle] (w) Motorrad
muddat (w) Dauer

muhabbat Liebe
mulk Land, Staat
mulk-e fars (Pak) Persien
mumkin möglich
muṇḍā Junge
muṛnā (it) abbiegen, drehen
musāfir Tourist
musalmān Moslem
mushkil (w) Problem
muskāuṇā (it) lächeln

N

naccṇā (it) tanzen
nāgarikdā Staatsangehörigkeit
nahāṇā baden
nahīṅ nein, nicht
nahīṅ ho sakda unmöglich
nakshā Landkarte
nāl neben, zusammen
nām Name
namak Salz
namaskār Gruß
namaskār karna grüßen
nambar [number] Nummer
nām-hoṇā berühmt
nānā Großvater (mütterl.)
nānī (w) Großmutter (mütterl.)
naṛe (Ind) nah
nāshtā Frühstück
navā neu
nazdīk nah
nikās (Ind) Ausgang
nirog gesund
nūṅ nach (Richtung)
nūṅ cāhīdā müssen
nūṅ cāhīdā hai sollen
nūṅ paṛegā müssen

P

pachcham (Ind) Westen
pahāṛ Berg, Gebirge
pahilā nām Vorname
pahile bevor
pahuṅc Ankunft
pahuṅcnhā ankommen
paidal zu Fuß
paikiṭ [packet] Paket
paint [pants] (w) Hose
pair Fuß
paise Geld
paise deṇā bezahlen, zahlen
paise laggṇā kosten (Preis)
paiṭrol [petrol] Benzin, Erdöl
paiṭrol pamp [petrol pump] Tankstelle
palang Bett
pāṇī Wasser
panīr Käse
pankhā Ventilator
par aber
parbat Berg, Gebirge
pardes Ausland
pardesī Ausländer, ausländisch
parindā Vogel
pārk Park
paṛṇā lesen, lernen
pars [purse] Tasche
pārsil [parcel] Päckchen
parsoṅ übermorgen; vorgestern
parvār Familie
pasporṭ [passport] Pass, Reisepass
patā Adresse
pata hoṇā kennen
pata nahīṅ unbekannt
paththar Stein
pāuṇā anziehen, sich
pen [pen] Stift
peshābk͟hānā Toilette
phal Früchte, Obst
phull Blume
phulvāṛī Garten
piār Liebe
piār karnā lieben
piās laggṇā durstig
pīṇā trinken
pinḍ Dorf (Ortschaft)
pio Vater
pitā (Ind) Vater
posṭkārḍ Postkarte
pot Schiff
prachāvā Schatten
prakāsh (Ind) Licht
progrām [program] Programm

puchch gichch Information
puchch gichch dā daftar Informationsbüro
puchchṇā fragen
pūl Brücke
pulīs [police] (w) Polizei
pūrab (Ind) Osten
purāṇā alt (Dinge)
pustak (w) (Ind) Buch
puttar Sohn

R

rabb (Ind) Gott
rabb rakhā tschüß!
rahiṇā (it) bleiben, leben, wohnen
rahiṇvālā Einwohner
rajā König
rājdhānī (w) Hauptstadt
rājdūtāvās (Ind) Botschaft (dipl.)
rajnītī (w) Politik
rakhkhṇā legen
rang Farbe
rangīn bunt
rasham Seide
rashan kārḍ [ration card] Ausweis
rasm ate rivāj Brauch, Tradition
rasoī (w) Küche
rāstā Weg
rāt (w) Nacht
razāmand hoṇā einverstanden sein
reḍiyo [radio] Radiogerät
relgaḍḍī (w) Zug
relve (w) Eisenbahn
resṭoranṭ Gaststätte, Restaurant
rokṇā halten
roṭī (w) Brot, Gebäck
roz Tag
rukh Baum
rukṇā (it) halten, anhalten

S

sabab Grund
sabaṇ Seife
sabh kujh alles
sabzī (w) Gemüse
sacc echt?!, richtig, wahr;
sadā immer
saddā (pattar) Einladung
saddṇā jmd. einladen
sāf sauber
sāf karnā sauber machen, waschen
safar Reise
safar karnā abreisen, reisen
safed weiß
sahī genau
sāhib Herr
sailānī Tourist
sāiz [size] Größe (Kleidung)
sajje rechts
sakṇā können
sāl Jahr
salām Gruß
salām karṇā grüßen
samācār pattar (Ind) Zeitung
samajhṇā verstehen
sāmān Gepäck
samundar See, die
sangīt (w) (Ind) Musik
sañjh (w) Abend
sar [sir] Herr
saṛak (w) Straße
sardī (w) Kälte
sarhad Grenze
sastā billig
sattav möglich
saukhā einfach, leicht (Aufgabe)
savāl Frage
saver dā khāṇā Frühstück
saver(ā) Morgen
sekenḍ [second] Sekunde
siāsat (w) Politik
sidhdhā geradeaus
sīfāratkhānā (Pak) Botschaft (dipl.)
sigreṭ [cigarette] (w) Zigarette
sigreṭ pīṇā rauchen
sihat (w) Gesundheit
sihsat (w) gesund

sikhkhāṇā lehren, unterrichten
sikhkhṇā lernen
sīmā (Ind) Grenze
sinemā Kino
singh Löwe
siraf nur
sirinj [syringe] (w) Spritze
skīm [scheme] Plan
skūl [school] Schule
socṇā denken, meinen, nachdenken
sohṇā hübsch (Personen), schön
soṇ valā kamrā Schlafzimmer
sonā Gold
soṇā schlafen
sporṭ [sports] Sport
sṭāp [stop] Haltestelle
sṭeshan [station] Bahnhof
suāgat karnā (Ind) begrüßen jmd.
sūcnā Auskunft
sundar hübsch, schön (Personen)
sunṇā hören
sūraj Sonne
sūṭkes [suitcase] Koffer
svis [Swiss] Schweizer(in)
sviṭzarlaiṇḍ [Swtzerland] Schweiz

SH

shābāsh! ausgezeichnet!
shabd Wort
shahir Stadt
shāid vielleicht
shaitān Teufel
shakk de bagair zweifellos
shām (w) Abend
shām dā khāṇā (m) Abendessen
shāntī (w) Frieden
sharābī (w) betrunken
shāvar [shower] Dusche
sher Löwe
shimāl Norden
shukriyā danke
shurū hoṇā (it) a: **shurū karnā** anfangen, beginnen

T / Ṭ

tabdīl karnā umtauschen
taiār fertig
taiār karnā vorbereiten
ṭaiksī (w) Taxi
tak bis, nach (Richtung)
tāki um zu...
tālī (w) Schlüssel
tālib-e 'ilm (Pak) Student
tāmba Kupfer
tambākū (w) Tabak
tambhū Zelt
taṅg eng
taraf (w) Richtung, Seite
tārīkh (w) Datum
tarṇā schwimmen
tasvīr (w) Bild, Foto
tasvīr banāṇā malen
tauliā [towel] Handtuch
ṭāylaṭ [toilet] Toilette
ṭāylaṭ pepar [toilet paper] Toilettenpapier
te und
tel Speiseöl
tī (w) Tochter
ṭī vī [TV] Fernsehgerät
tiār bereit
ṭikaṭ [ticket] (m & w) Briefmarke, Fahrkarte, Flugticket
tikhā scharf
tīvī (w) Frau
toṅ als (Vergleich), aus, durch, mit, von
toṅ milṇā treffen (mit), sich
toṅ pahile vorher
ṭraivalars cek [travellers' cheque] Reiseschecks
ṭren [train] (w) Zug
tū du
ṭūrisṭ Tourist
tusīṅ ihr, Sie
ṭūth brash [toothbrush] Zahnbürste

TH / ṬH

thakhā müde
thakkṇā (it) müde sein
thalle unten
ṭhaṇḍā kalt, kühl
ṭhīk karnā reparieren
thiyeṭar Theater
thoṛā bisschen, etwas, wenig
thoṛī bahutī khāṇā kosten (probieren)

U

ucāran Aussprache
udāhraṇ laī Beispiel, zum
uḍīkṇā warten
uḍṇā (it) fliegen
uh er, sie (Ez. & Mz.)
umar (w) Alter
umid hoṇā hoffen
uñcā hoch
uppar oben
us bād dann
ushnāk intelligent
ūṭ Kamel
uṭhṇā (it) aufstehen
uththe da, dort
uththoṅ dorther
uttar (Ind) Norden

V

vaḍḍā groß
vadhere mehr
vadhīā besser
vajah (w) Grund
vakat Zeit
vakīl Anwalt
vakt laggṇā dauern
vāl Haar
-vālā (Endung) Besitzer
vālid Vater
vārī (w) Mal
vaṛṇā eintreten
vartṇā benutzen
vazan Gewicht
vecṇā verkaufen
vekhṇā anschauen, besichtigen, sehen
vī auch
viāh Heirat
viākarah Grammatik
vic in (zeitl./ örtl.)
vic(kār) zwischen
vidiārthī (Ind) Student
vikhāuṇā zeigen

Y

yād āuṇā (it) sich erinnern
yād(gār) (w) Erinnerung
yādgār (w) Andenken
yahūdi Jude, jüdisch
yani das heißt
yār Freund
yojna (w) Programm
yunivarsiṭī [university] (w) Universität

Z

zabān (w) (Pak) Sprache
zakhm (w) Verletzung, Wunde
zakhmī verletzt
zamīn (w) Erde
zarūr! natürlich!, selbstverständlich!
zarūrī nötig
zarūrī hai dringend, es ist
ziādā mehr
ziānā intelligent
zindagī (w) Leben
zordār a: laut
zukām Grippe

Der Autor

Daniel Krasa wurde 1976 in Wien geboren und interessiert sich seit vielen Jahren für diverse orientalische Sprachen. Während 1999 und 2002 studierte er an mehreren indischen Universitäten verschiedene nordindische Sprachen. In dieser Zeit bereiste er des Öfteren den Punjab und er steht. bis heute in engem Kontakt mit vielen Freunden auf beiden Seiten dieser schönen Region. Natürlich haben diese auch ihren Teil dazu beigetragen, dass dieser Sprachführer entstanden ist.
Daniel Krasa arbeitet als freier Autor und Dokumentarfilmer. Von ihm stammen zahlreiche Veröffentlichungen in der Kauderwelsch-Reihe, sowie einige Reiseführer des Reise Know-How Verlags.

Für die Verbesserungsvorschläge zur zweiten Auflage dankt der Autor ganz herzlich Herrn Dilbag Singh.